江河之子

——献给20世纪大禹传人

刘国纬／著

科学出版社

北京

内 容 简 介

　　本书介绍了20世纪中国在陆地水文、河流泥沙、江河治理、水利规划、水资源等领域做出了重要贡献的40位水利专家与水科学家的成长经历、事业成就、治学态度与治学方法、价值观念与做人风范等，兼具科学家小传和上述领域20世纪科学发展简史的性质。本书可对水利和水科学界同行的事业发展与学术探索有所镜鉴，对青年学生的人生追求和学术成长有所启迪，也是一份珍贵的水科学史料。

　　本书可供高等院校有关专业的师生阅读，也可供科研院所和与水有关的规划设计机构技术人员参考。

图书在版编目(CIP)数据

江河之子——献给20世纪大禹传人 / 刘国纬著. —北京: 科学出版社，2014.10

ISBN 978-7-03-042105-0

Ⅰ. ①江… Ⅱ. ①刘… Ⅲ. ①水利工程－科学家－列传－中国－现代 Ⅳ. ①K826.16

中国版本图书馆CIP数据核字(2014)第228050号

责任编辑：顾晋饴　陈岭啸　周　丹 / 责任校对：胡小洁
责任印制：肖　兴 / 封面设计：黄华斌　许　瑞

科 学 出 版 社 出版
北京东黄城根北街 16 号
邮政编码：100717
http://www.sciencep.com

中国科学院印刷厂 印刷
科学出版社发行　各地新华书店经销

*

2014年10月第 一 版　开本：787×1092 1/16
2015年3月第二次印刷　印张：13 3/4
字数：327 000

定价：128.00元
（如有印装质量问题，我社负责调换）

献　　给
二十世纪大禹传人

序 一

不久前收到刘国纬教授寄来的新著《江河之子》书稿，并邀请我作序。我顿时为其书名所吸引，当翻看目录页时，方知是20世纪我国已故著名水利专家和水科学家们的小传，其中不少是我或熟悉、或认识、或曾读过他们的专著与论文，因而尤感亲切。进而，联想到几千年来中华民族的水利先贤，他们以治理江河、开发水利为己任，艰苦奋斗，生生不息地书写中华水利文明，延续至今，形成了中华民族中一支特有的传承——大禹传人。

远在公元前2000多年的尧舜时代，就有大禹治水的故事。禹以疏取代共工氏和鲧采用的雍堵之策，"开成九川通海，疏浚畎浍通川"，三过家门而不入。先秦时代，李冰父子筑都江堰，使川西成为米粮川并延续至今。西汉的"贾让治河三策"，率先提出了不与水争地的思想。东汉王景治河，数百年无大决。唐代姜师度开渠引水，兴办灌溉与航运。北宋郑寨和单锷分别撰写《吴门水利书》和《吴中水利书》，阐述太湖流域治理之策。明代万恭和潘季驯提出"以河治河，束水攻沙"的治黄方略。清代靳辅、陈潢继承万恭、潘季驯的思想，进一步实施"束水攻沙，以清刷黄"的工程措施。直至近代，李仪祉提出"上中下游并举，防洪、航运、灌溉、水电兼顾"的综合治黄思想。此外，还有南宋数学家秦九韶、元代科学家郭守敬、明代科学家徐光启等，他们在水文观测、河工计算、地形测量等方面，也为江河治理提供了理论与方法。水利先贤们在中华水利史册中留下了光辉的篇章，他们是大禹传人的佼佼者。《江河之子》中所记述的水利专家和水科学家们，继承了水利先贤们的事业和精神，在20世纪里以水利为己任，跋涉于大河上下，把毕生的智慧和汗水献给了振兴中华的伟大事业。他们是新一代大禹传人的佼佼者。

《江河之子》中记述的40位著名水利专家和水科学家，他们分别在各自领域做出了重大贡献。王化云和林一山主持黄河与长江治理开发达半个多世纪，是治理黄河与长江的战略家和统帅。徐乾清、何孝俅等水利专家是中国江河规划和防洪事业的领军者。姚榜义、朱承中等呕心沥血于中国南水北调。黄万里、方宗岱等对我国江河治理重大工程规划提出了具有启迪性的见解。谢家泽、陈道弘、叶永毅、华士乾等奠基和开拓了新中国水文事业。陈志恺、陈家琦等为我国水资源学科的兴起和发展奠定了基础。钱宁、林秉南、窦国仁等为我国泥沙科学和水力学发展做出了奠基和开拓性贡献。施雅风和施成熙弟兄开创了我国冰川学和湖泊学。严恺是我国著名港工专家和水利教育家。刘光文是我国著名水文学家和水文教育家。还有更多的水利专家和水科学家，他们分别在防洪抗旱、农田水利、水文学的各个分支学科以及水资源等领域，各领风骚。他们在水利事业中的业绩与贡献，在水科学领域的耕耘与成就，是我国20世纪水利和水科学发展的缩影。在这一意义上，《江河之子》可视为一本以人物为载体的，20世纪中国在水利规划、江河治理、水文科学与水资源领域的简史。

我与刘国纬教授在1979年就已相识。2003年我接任他的《水科学进展》期刊主编工作，当时阅读他为《水科学进展》撰写的发刊词和为"水科学家"栏目撰写的编者按，就感佩他对水科学事业的深情和抱负。25年来，刘国纬教授坚持为已故著名水利专家、水科学家撰写纪念文章，今天终于汇集成《江河之子》。

《江河之子》记录和彰显了20世纪我国水利专家和水科学家的成就与风采，既有重要科学价值，也是一份珍贵的精神财富，她将激励后来者，为我们的水利事业努力攀登。

我希冀《江河之子》将一集接着一集地传承下去，并吸纳水工、结构、勘探等更多水利科技领域的专家和学者，记载和彰显21世纪及继后的大禹传人的贡献与风采。谨以此希冀为序。

胡四一

2014年7月22日

序　二

　　科学是前赴后继的事业。翻开任何一部科学史都不难发现，科学史实际上是一代一代杰出科学家们留下的足迹，即使一门学科或一个专业的发展史也是如此。《江河之子》记述了40位我国著名水利专家和水科学家在20世纪耕耘与奉献的足迹，内容涵盖了水利规划、江河治理、农田水利、洪水与干旱、水文与水资源等诸多领域，从多个侧面记录了20世纪中国水利与水科学的发展历程，展示了专家、学者们的求学经历、学术成就、治学方法、价值观念，彰显了他们为中国水利和水科学发展做出的贡献。因此可以认为，《江河之子》是我国在上述领域以人物为载体的20世纪发展简史，其科学价值不言而喻。这是对我国水利和水科学事业的一份重要贡献，是值得庆贺的。

　　正如作者在该书的后记中所说的：《江河之子》中的群英们，他们虽然个人背景、成长经历各不相同，然而在他们身上都有着共同的特质：他们都深爱着自己的祖国，心中满怀振兴中华、强盛祖国的激情；他们都有着对事业的执著追求，无论在困难重重的条件下，在身陷逆境的日子里，或者疾病缠身，他们对自己的事业从不放弃，始终求索；他们都有着高洁的人品，工作兢兢业业，治学严谨求实，扶持青年成长，待人真诚友善，他们总是把事业和他人看得比自己重；他们都才华出众，乐观豁达，生活简朴，深爱家人。他们既为我们留下了丰富的事业遗产，也给我们留下了宝贵的精神财富。他们是后来者的楷模，他们的精神值得我们继承和发扬。

　　2008年，我接任胡四一教授担任《水科学进展》主编时，就在《水科学进展》的"水科学家"栏目看到了近20篇已故水利专家和水科学家的纪念文章，读后深受感动和激励。当时便与编辑部同志商定，要把"水科学家"栏目继续办下去。今天，这些文章终于汇集成《江河之子》，这是《水科学进展》对我国水利和水科学事业的一份贡献。我希望《水科学进展》能把"水科学家"栏目继续坚持下去，并且办得更好，这也是《水科学进展》应肩负的一份科学传承的责任。

　　1987年我研究生毕业后，分配到南京水文水资源研究所，就在刘国纬教授的指导下参加他主持的南水北调东线工程优化调度课题研究，他对水科学事业充满激情。《水科学进展》创刊25年来，刘国纬教授坚持为已故著名水利专家和水科学家撰写纪念文章，每一篇都要花费大量的精力和时间，从收集材料、阅读专家们的代表性专著和论文、直到撰写文章，他都是在百忙中挤出时间完成的。这次汇集成《江河之子》时，为了能从更多侧面生动反映水利专家和水科学家们的风采，更是花了大量精力和时间，寻觅他们的照片，使呈现在读者面前的《江河之子》图文并茂，这种精神是难能可贵的。

　　进入21世纪，我国水利事业和水科学迎来了新的挑战与机遇，也为每一位从事水利和水科学事业的年轻人提供了发挥才干的机会，"数风流人物，还看今朝"。《江河之子》即将出版，她定将激励后人见贤思齐，奋发有为，勇于创新，在新的历史时期里为水利科技事业做出新的贡献。

2014年7月29日

前　言

我在1990年创刊学术期刊《水科学进展》的时候，特地开辟了一个叫"水科学家"的栏目，并写了编者按："科学是前赴后继的事业。为了铭记为水科学发展做出了重要贡献的人们，本刊自本期起，开辟'水科学家'专栏。她将从一个侧面记载下水科学前进的足迹，激励我们为水科学事业努力攀登。"从那时起，我就本着这一栏目宗旨，为已去世的水科学家们撰写纪念文章，转眼间二十几年了，前后共撰写了40位水利专家和水科学家的小传。南京水利科学研究院王家祁教授说："你这些文章不仅表达了我们对已故水科学家的怀念和尊敬，也是以人物为载体的20世纪水科学发展的缩影。"2014年元月，我在北京出席水利部科学技术委员会年会时，不少同志建议将纪念文章汇集成册，既方便大家阅读，也有科学史料价值。我以为这是一个很好的建议，于是就着手整理，并以"江河之子"作为书名付梓。

收录于这一集《江河之子》的，大多是在水文、泥沙、水资源以及水利规划、江河治理等领域做出了重要贡献的已故水利专家和水科学家，基本上没有包含水工程、经济、管理等其他领域的专家，这主要是由于作者长期在水文、水资源领域工作，对工程、经济、管理等领域的知识和专家均不熟悉的缘故。即使在水文、泥沙、水资源以及水利规划、江河治理等领域，还有许多做出了重要贡献的水科学家，尤其是长期工作在各条江河第一线的已故水利专家，作者很想将他们收录于《江河之子》，但苦于难以获得相关资料，不得不作罢。这是作者深感遗憾的，并向他们表示敬意。

凡收录入《江河之子》的水利专家和水科学家，主要介绍了他们的生平、学术成就与事业贡献、治学和工作风范。此外，还选登了部分照片，这些照片穿越了一个世纪的时空，记录了他们生前岁月的风雨和精彩、成长历程与感情世界，是非常珍贵的。深感不足的是，对于每一位收录入《江河之子》的水利专家和水科学家，也只反映了我个人对他们的了解和敬仰之情，且由于各篇纪念文章在发表时受篇幅所限，远不能全方位和详细地反映他们的贡献与风采，甚或有文字欠妥之处，谨此表示歉意。

尽管这些文章已在20多年间陆续写成并大多已在《水科学进展》发表，但这次汇集成册依然费了不少力气，尤其是照片的寻觅颇为不易，幸有大家的鼎力支持。为此，要感谢《水科学进展》编辑部二十几年来坚持保留"水科学家"栏目，并不吝版面刊登各篇文章；感谢《江河之子》中各位水利专家和水科学家的亲人、学生和朋友，是他们向我提供了许多鲜活的材料，审读文稿，提供他们珍藏的历史照片；感谢南京水利科学研究院、中国水利水电科学研究院、黄河水利委员会、长江水利委员会、水利部规划设计总院、水利部调水局、河海大学等单位的领导和相关同志，他们给予的帮助均在相关图文处一一注明。要特别感谢汝楠、何海、姬生才和吴凯同志，他们全程参与寻觅照片、录入文字、文稿编排等，做了大量工作。感谢吴三保编审对图文编辑提出的建议。最后要感谢南京水利科学研究院给予出版经费资助和科学出版社的精心编辑。

江河万古奔流，大禹传人辈出。愿"江河之子"能接力相传，续写治水人的壮丽篇章。

刘国纬

2014年5月14日

目　　录

目　录

纪念林平一先生*

林平一，字升平，是我国老一辈著名水利学家，水文学家。1897年7月1日出生于浙江省奉化县桐照乡，1979年1月24日于北京逝世。

1923年夏，林平一从天津北洋大学土木工程系毕业，同年9月赴美留学，初入康奈尔大学土木工程系，次年2月转入爱荷华大学水利工程学院，1925年春获工学硕士学位。1925年至1927年7月先后在美国曲伦敦桥梁公司和纽亚伦密西西比河工委员会实习，1927年8月回国。1928~1930年任南京中央大学教授，兼任"整理导淮工程图案委员会"委员。1930~1937年先后任导淮委员会工务处设计组简任工程师、主任工程师、代理总工程师、副总工程师。1937年抗日战争爆发，林平一随导淮委员会迁往重庆，至1946年7月迁返南京。期间，1938~1942年任綦江水道工程局局长，1943年任导淮工程委员会总工程师，1944年10月~1945年4月赴美考察水利。1947年7月导淮委员会改组为淮河水利工程局，林平一任局长，至1949年元月卸职。新中国成立后，历任华东水利部水利委员、水利电力部技术委员会委员、水利水电科学研究院一级工程师等职。当选为第三、第四届全国政协委员。

林平一是我国治淮事业的先驱者之一。在1928~1949年的21年间，他主持完成了淮阴、刘老涧、邵伯、高邮、蒋坝、杨庄、三河闸等船闸和闸坝的设计和建设，开挖废黄河入海水道，这些工程为后来的治淮工程奠定了基础，也开创了全国建设新式水利工程之先河。在他主持綦江水道工程期间，疏浚綦江河道，兴建六座船闸，满足了当时迁往重庆的江汉钢铁厂的铁矿石运输需要，对支持抗日战争起了重要作用。在1950年制定治淮规划中，他提出的润河集束流方案在后来的实施中获取成功，受到水利部的表彰。

林平一在美国求学期间就对水文学很感兴趣，他的硕士论文就是"洪水波传播速度研究"，并先于谢尔曼提出单位线的概念和方法。20世纪50年代初，他放下长期从事的水利工程工作，专注于水文学研究。他提出的小流域洪水计算方法在水文设计中得到广泛运用，被称为"林平一法"，并于1956年和1958年以专著《小汇水面积暴雨径流计算法》先后由水利出版社和水利电力出版社出版。20世纪50年代后期，林老从事水文频率计算方法研究，他针对解放初期水文系列短缺难以确定频率曲线参数的难题，

* 本文原载《水科学进展》. 1992，3(1).

提出"短系列频率适线均分点法"(简称"三点"法)，满足了当时兴建中小型水利工程的需要。1962~1966年林老分析了中国东部地区300余个小流域暴雨洪水的峰量关系，揭示了峰量关系的非线性特征，在此基础上提出了中小流域非线性汇流计算方法，正在着手将该项研究成果写成论文和专著时，因爆发"文化大革命"而未果。

我于1962年末至1966年中成为林平一先生的助手，为他抄写、计算、绘图和翻译俄文文献等。在他身边工作的几年间，受益匪浅。林老工作极为勤奋，他不顾年逾七旬还亲赴各地收集资料，经常半夜伏案，有时凌晨5:00就起床计算和写作，也几乎没有星期天。林老治学极其严谨，几乎所有的重要数据他都亲自计算并反复校核，他的算稿和文稿总是清楚工整，一丝不苟。林老对我的要求也极其严格，凡抄错的字(当时尚无计算机和复印机，全凭手写)，必须用锋利的刀片轻轻将墨迹刮除，然后用拇指指甲将刮痕磨平，再后在磨平处重新正确书写，若纸被刀片刮破，则必须在反面贴上同样的纸。记得20世纪60年代，北京水科院水文所曾以林老的"三严"(严谨、严格、严肃)作风作为年轻同志学习的典范。林老平时话语不多，但知识渊博。记得有一天，著名桥梁专家茅以升先生来林老办公室看望，老友相聚甚欢，谈及设计洪水，茅老说："你们水文给出的设计洪水峰量太粗了，不敢轻易用。"林老反驳说："比你的结构计算精确多了，否则你们为什么还要加3~4倍安全系数呢？我若把设计洪水峰量加大3~4倍，你的桥就没处造了。"两人对视哈哈一笑，我却从中深深敬佩和领悟了老科学家们的睿智。

"水利即民生"是林老和黄万里等老一辈水利专家一生事业之所系，也给予了我从事水利工作最深刻的教诲。文化大革命结束后，林老曾对我谈起一件往事。那是1948年12月初，国民党海军部为阻止解放军渡江作战，命令淮河水利工程局(当时局长林平一)和长江水利工程局(当时局长孙辅世)堵塞长江北岸自安徽的裕溪口至南通天生港河段的14个入江港口，其中最大的三江营由淮河水利工程局负责。林平一作为局长，在接到命令后四次向海军部申诉：若全部堵塞入江口，遇来年汛期2000~3000m³/s流量的小洪水，就可能酿成堪比1931年特大洪水的淹没泛滥，江北数百万百姓将沦为鱼鳖，带来巨大水灾不堪设想，恳请海军司令部慎重考虑。然海军部不允，情急之下，林平一冒着违抗军令的风险，提出采用带有枝叶的青树编成树排，在树排上系石下沉，这样可阻碍航道，但不影响向长江泄洪，避免水灾，该方案最终由海军部采纳。此事在1966年"文化大革命"中曾作为"三江营堵口事件"使林老身心受到很大打击，然而从中却让我感悟到一位老水利专家的良知。

世事艰难，老一辈水利专家们谁未经历过人生的坎坷，然而他们那颗平静的心、那股专一于民生水利的精神，已成为给后来者留下的永恒的教育和鼓励。林平一是他们中的代表之一。

致谢：林平一之子林兢先生提供部分资料和照片。

▼ 　纪念林平一先生

1. 1957 年在北京水科院办公楼前
2. 1958 年在天津
3. 1964 年在北京水科院全家合影

纪念王化云先生

王化云是我国著名水利专家，现代黄河治理、开发事业的开拓者和领导者之一。他自1946年以来主持和亲历的人民治黄，几乎完整地反映了近半个世纪以来我国治理黄河事业的历史进程和基本经验。

王化云于1908年1月出生于河北省馆陶县南馆陶镇，父亲是清末秀才，所以从小在私塾受到四书、五经的教育。1931年考入北平大学法学院，1935年毕业后至1936年在北平创办精业中学，并任校长，1936年秋回到家乡馆陶县。1936~1945年在冀鲁豫地区参加抗日战争，并于1938年6月加入中国共产党。1946~1949年先后担任冀鲁豫解放区黄河水利委员会主任和华北、华东、华中三大解放区黄河水利委员会主任。1950年1月25日中央人民政府水利部转政务院水字1号令，将三大解放区的黄河水利委员会改为黄河流域机构，即延续至今的黄河水利委员会(简称黄委会，下同)，任命王化云为主任。1955~1958年调任黄河三门峡工程局任副局长。1958年秋调回黄委会任主任，直至1978年，其间在1966年"文化大革命"受到冲击。1979年4月任水电部副部长，兼黄委会主任。1982年5月免去黄委会主任职务，改任顾问，1985年辞去黄委会顾问。1992年2月18日在北京逝世。

王化云曾是第一至第六届全国人民代表大会代表，并担任河南省多届人民代表大会代表和省政协副主席、主席等职。他曾先后陪毛泽东主席、朱德副主席、周恩来总理等多位国家领导人视察黄河，并于1982年9月在中国共产党第十三次全国代表大会上就黄河问题作专题发言。

钱正英同志在为《王化云治河文集》(黄河水利出版社，郑州，1997)所作的序中说："记得在'文化大革命'时期，当时水利电力部的军管会主任曾对我说，他来水电部前，周恩来总理告诫他，在水利方面要特别注意听三个人的意见，这三个人就是王化云、林一山和我。我认为周总理要他重视我们三个人，并不是因为我们是水利方面的专家，而是因为我们是党派到水利系统的第一批主要领导干部，和水利专家有比较广泛的联系，可以通过我们组织水利专家，充分发挥他们的作用。"其实，半个多世纪的中国水利实践表明，他们不仅是党派到水利系统的领导干部，而且早已成为杰出的水利专家，王化云更是在黄河治理与开发利用方面作出了重要的贡献。

王化云在他的专著《我的治河实践》(黄河科学技术出版社，郑州，1989年)的自序中说："回顾40余年人民治黄的历程，我对黄河的认识经历了实践—认识—再实践—再认识的反复过程。"是的，王化云正是在这一执著追求和艰难探索中逐渐认识了黄河，形成了自己的治黄理念与策略，并率领治黄大军进行了卓越的实践。王化云的治黄理念、策略和实践大致可以概括为以下方面。

编制黄河治理开发规划

王化云从1946年2月起就担负主持冀鲁豫解放区黄河治理工作。解放战争期间，为粉碎蒋介石试图利用黄河阻止解放军南渡黄河的阴谋，他在周恩来直接领导下与国民党当局进行了坚决的斗争。1947年6月，他为刘邓大军南渡黄河，在150公里长的黄河沿线安排渡口，准备船只，动员船工，作出了重大的贡献。

1947年7~8月，王化云鉴于全国即将解放，黄河上中下游统一治理的局面即将到来，便开始考虑黄河治理规划，并起草了《治理黄河的初步意见》，包括治河的目的与方针，1950年的任务，全河水文、气象站的布设和测量与查勘计划，治黄组织机构与队伍建设四部分。这份《治理黄河的初步意见》掀开了即将诞生的新中国治理黄河事业的序幕。

中华人民共和国成立后，即着手编制黄河治理规划。1952年5月，王化云提出了《关于黄河治理方略的意见》。1953年7月16日国家计委发出《关于成立黄河资料研究组的通知》，决定成立"黄河研究组"，李葆华任组长，王化云任副组长之一。1954年4月，"黄河研究组"改为黄河规划委员会，李葆华、刘澜波为正副主任委员，张含英、钱正英、竺可桢、王化云、李锐等17人为委员。在王化云的实际主持下，主要以黄委会为依托，于1954年10月提出了《黄河综合利用规划技术经济报告》，含总论及分论共8卷20万字，并附图112幅。1955年7月30日，第一届全国人民代表大会通过了《关于根治黄河水害和开发黄河水利的综合规划的决议》(以下简称1954年黄河规划)，王化云作为第一届全国人大代表，见证了治黄史上这一具有里程碑意义的时刻。1954年黄河规划在后来的治理黄河实践中，不断总结和吸取对黄河的新认识和新经验，经历了多次修订，主要有：①20世纪50年代末修订规划，主要是落实周总理1958年4月21~24日在三门峡工地现场上提出的补做三个规划，即水土保持规划、河道整治规划和黄河干流开发规划；②20世纪60年代修订规划，主要是吸收关于三门峡工程建设与改建的经验；③20世纪70年代修订规划，本次修订受"文化大革命"影响，只提出了《关于黄河下游减淤途径设想研究报告》和《黄河干流工程综合利用规划修订报告》；④20世纪80年代修订规划，该次修订于1989年提出了《黄河治理开发规划报告》(送审稿)，在该项修订规划中，提出并安排了小浪底水库的建设，争取在2000年前建成。从1954年黄河规划的制定，到20世纪80年代对黄河规划的四项重大修订，王化云作为主持者付出了艰辛的努力。在这一过程中，王化云的治河思想，在实践中形成和发展，并趋向成熟。

关于三门峡

三门峡工程是黄河治理的关键枢纽，在1954年编制的《黄河综合利用规划技术经济报告》中被选为黄河治理的第一期工程。1957年11月和1958年3月2日，国务院和中共中央书记处讨论通过了三门峡工程技术设计书。随后派刘子厚为团长，王化云为副团长率团赴苏联，将设计任务书交给苏联列宁格勒(现圣彼得堡)水电设计分院负责设计工作。关于三门峡工程的决策过程、规划与设计思想的争论，以及建成后的运行情景等已众所周知，而王化云作为决策的参与者和执行者(1955~1958年曾任三门峡工程局副局长)，对其有更深入的思考，并反映在他20世纪60年代以后的治黄方略中。王化云在其著的《我的治河实践》中，进行了深刻的总结：①正如周总理所说："三门峡工程不能说全错，也不能说全对，主要是由于我们经验不足。"三门峡工程经过两期改建，并改变水库运用方式，虽没有达到原来设计的效益指标，但它仍然发挥了很大的综合效益。②三门峡工程失误之一，在于对大量淹没良田和大批迁移人口的影响和困难估计不足，对我国地少人多的国情认识不足。苏联专家提出的"用淹没换取库容"的观点，正好与我们当时想用一个大水库来蓄水拦沙，然后过渡到保持水土、支流治理、节节蓄水、分段拦沙的设想相接近，因此就接受了这种观点。③对处理三门峡水库泥沙问题有失误。其一是，对水土保持措施的效果估计过分乐观，对水土保持工作的长期性、艰巨性认识不足；其二是，在处理水库泥沙问题时重拦轻排，是导致失误的重要原因。④通过三门峡水库的实践，为我们认识黄河、开发利用黄河创造了极为宝贵的经验。其中重要的是，黄河的主要矛盾是水沙不平衡，在黄河上修水库，必须对"水"和"沙"都进行调节，变水沙不平衡为水沙相适应，这是黄河不同于一般河流的显著特点。王化云在总结三门峡工程时说："三门峡工程出现一些失误，这是在治黄道路上的一次挫折。从20世纪60年代初开始，我们一面总结经验教训，一面深入大河上下考察研究，进行新的探索。

宽河固堤

1955年，王化云在他亲自起草的《九年的治黄工作总结》中，第一次明确提出了"宽河固堤"。这是他总结了旧中国连年水灾的原因，并通过1947年、1948年、1949年黄河下游防洪实践形成的观点与方针，最主要的措施是加固大堤和拆除围埝。这一方针为战胜1958年大洪水奠定了基础。1976年王化云同志进一步指出："黄河下游河道上宽下窄形势是黄河本身洪水、泥沙的特性所决定的，不全是人为的结果。由于黄河洪水峰高量小泥沙多，经过上段宽河道的滞洪淤沙作用，下段河道才能变得较为窄深和稳定。因此，从黄河下游防洪安全全局来看，必须保留上段宽河道的巨大容积以滞洪滞沙，并充分发挥全河广大滩区'淤滩刷槽'的作用。"

正本清源与蓄水拦沙

王化云在提出和推进"宽河固堤"主张的同时，对黄河治理进行了进一步深入的思考。他说："我认为人民治黄不能再走历史上把水和泥沙送到海里的治黄老路，而应实行'蓄水拦沙'的方针，达到除害兴利的目的。"(《我的治河实践》自序)后来人们将"蓄水拦沙"简称为"拦"。王化云也诙谐地称自己为"拦派"。他根据这一认识撰写的报告《关于黄河基本情况与根治意见》呈寄给当时的邓子恢副总理，邓副总理后来对王化云说："毛主席对你的报告很欣赏。"王化云"拦"的内涵主要包括两个方面：在干流修建小浪底、三门峡、龙门、碛口、大柳树、刘家峡、龙羊峡七座大型水库；在支流修建拦泥库；在黄土高原广大沟壑修建淤地坝，把泥沙拦在西北的千沟万壑广大地域里。这一主张在1955年编制的黄河规划中以"节节蓄水，分段拦泥"予以了表述。

王化云是黄土高原水土保持工作的开拓者和实践者。他不同意一部分同志关于"水是一条龙，从上往下行，治下不治上，到头一场空"的水保无用论观点。他多次深入黄土高原调查研究，创建绥德、西峰、天水等水保实验站，总结了山西省河曲峪村等许多群众淤地坝的经验和"聚湫"(黄土高原上由于自然崩塌形成的淤地坝库)之所以能长期保持的经验。他创造性地提出了淤地坝的"相对稳定论"，即当坝后的淤地面积达到一定规模时，就可将淤地坝上游流域面积产生的一定频率的洪水和泥沙全部拦蓄在淤地面积上，且其水深不超过0.3米，泥沙淤积厚度不超过0.1米，此时淤地坝达到了相对稳定。他还形象地提出了"220年"黄土高原水土保持方针，即通过总结大泉山造林17年，贾家塬百亩大坝已经屹立了200年，绥德水保站综合治理3年(共计"220年")这些典型事实。概括了黄土高原水土保持工作必须遵循造林、种草、修梯田、打坝淤地、修建水库等多种措施进行综合治理的方针。

上拦下排

诚然，王化云对"拦"的作用也曾给予了过于乐观的估计。例如，在1953年2月毛主席视察黄河的时候，问王化云："干流上的水库能用多少年？"王化云回答说："即使不做水土保持及支流水库，也可以用300年"。毛主席又问："如果修支流水库，做水土保持，能用多少年？"王化云回答说："1000年是可能的。"(《我的治河实践》)然而，王化云毕竟是一位真正的探索者和实践者，在他经历了10余年水土保持实践以后，尤其是总结了三门峡工程严重淤积的事实后，他认识到完全靠水土保持是不行的。1964年12月在周总理主持的治理黄河会议上，王化云谈到："这段时间，特别是通过三门峡工程的实践，使我对黄河的认识前进了一步，感到光'拦'不能解决黄河问题，必须辅以适当的'排'作为'拦'的补充，实行'上拦下排'的方针"。他指出："如果有一半泥沙拦在上边，剩下的一半也要流到下游，如何处理这一半泥沙就成为下游的一项长期治本的任务。"他还进一步指出："我们过去对'排'的认识不够。"基于这样的新认识，他在1964年撰写的《治黄工作的总结和今后的方针任务》一文中提出了"要把在上中游拦泥蓄水，在下游滞洪排沙作为治黄的总方针。"由此形成了王化云"上拦下排"的治黄方针。

两岸分滞

面对1975年8月淮河特大暴雨洪水，1963年8月海河特大暴雨洪水，以及分析表明在花园口至三门峡区间可能出现使花园口洪峰流量达到46 000m³/s的大洪水的事实，王化云进一步认识到了黄河下游防洪形势的严峻性，他指出："这一严重事实引起我们对黄河洪水的全新认识。""由此看来无论是洪峰还是洪量，都远远超过了现有黄河下游防洪工程的防御能力。一旦发生这种洪水，将会出现既吞不掉，也排不走的严峻局面。这一新情况远远超过了我们先前的估计。"基于这样的新认识，王化云在疾呼建设小浪底水库的同时，也大力推进"改进现有滞洪设施、提高分滞能力，加大下游河道排泄量，排洪入海"的工作，他将这些新的认识和措施与"上拦下排"相结合，提出了"上拦下排，两岸分滞"的治黄方针。他阐述说："两岸分滞即向预定地区分滞一部分洪水""两岸分滞是在特大洪水情况下，牺牲局部利益，保护全局利益的原则与措施。"从上拦下排到两岸分滞方针的提出，表明王化云对黄河的认识和他的治黄策略又向前跨出了一大步。

调水调沙

"上拦下排，两岸分滞"使治黄策略进一步完善，但王化云并未就此停止他的思考和探索。在三门峡水库"蓄清排浑"成功实践的启发下，他开始考虑全黄河水沙的统筹调节，使其既作为治黄的又一项重大战略措施，而且更有意义的利用黄河的水沙资源。他在《我的治河实践》中指出："黄河的显著特点是水少沙多，水沙不平衡，泥沙在地区和时间分配都不平衡。""如果通过修建水库，对水、沙进行调节，变水沙不适应为水沙平衡，进一步提高水流输沙能力，那么下游河道淤积将可大大减少。这就是利用黄河自身的力量来治理黄河，即'以黄治黄'的一条重要途径。"为此他从1976年起就推动在三门峡以下干流修建小浪底水库，并终于1987年1月获国务院批准兴建。在小浪底水库建成后，开始了以小浪底水库为主要枢纽的"调水调沙"试验和运用，掀开了黄河下游治理新的一页。

全面治理，综合开发

在倾力于治理黄河水害的同时，王化云从来没有放松过对开发黄河水沙资源的关注和探索。1950年他力排众议，提出了兴建黄河下游第一个引黄灌溉工程——人民胜利渠的建设，并于1952年建成。在人民胜利渠成功的启示下，现在黄河下游两岸已建立了70多处引黄灌溉工程。为了解决华北地区和京津缺水问题，王化云亲自担任组长进行引黄线路的查勘和规划，提出近期引黄北送水量每年平均可达15~20亿立方米的规划方案。王化云一直把洪水和泥沙视为一种资源，提出"要立足于用浑水"并且大力推动如"引黄漫地"、"坝系和坝库群用洪用沙"、"高含沙量浑水淤灌"、"放淤改土"、"淤背固堤"等利用洪水和泥沙的措施。

从"宽河固堤"到"蓄水拦沙"，从"上拦下排"到"两岸分滞"，从"调水调沙"到"全河治理，综合开发"。这是半个多世纪以来人民治黄的伟大实践和经验总结。王化云作为这一伟大实践的开拓者、探索者、领导者，融入了他的智慧、求真胆识和领导才干，做出了重大贡献。

南水北调

王化云是中国南水北调事业最早的开拓者之一。1949年11月，在水利部召开的各解放区水利联席会议上，王化云就聆听了朱德副主席关于"长江与黄河沟通"的设想。1952年夏，王化云安排了从长江上游通天河引水入黄河的线路考察。王化云在他的《我的治河实践》中写道：同年(1952年)10月，毛泽东同志第一次视察黄河时，我向他报告了在通天河的考察情况和南水北调的设想，毛主席说："南方水多，北方水少，如有可能，借点水来也是可以的。"1953年2月毛泽东同志路过郑州，我在火车上向他汇报了治黄工作，他又问"通天河引水怎么样？"我说："据查勘资料，引水100亿立方米是可能的。不过要打100多公里长的隧洞，同时要在通天河筑一高坝(200多米)，水就可以经色吾渠穿过分水岭到卡日渠入黄河。"毛主席说："引100亿太少了，能由长江多引些水就好了"。从此，王化云把南水北调作为一项重要的使命，贯穿在他一生的事业中。从1957年起，王化云多次组织黄委会进行西线调水线路的考察。1958年10月，他亲自率领勘察组从内蒙古出发，经宁夏巴音浩特到兰州、西宁，再西行查勘柴达木盆地，越祁连山进入塔里木盆地，穿越天山至乌鲁木齐，而后沿河西走廊返回，历时40余天，行程万余公里。以后他又赴金沙江、雅砻江、大渡河等长江上游考察。通过这些考察，王化云对南水北调西线形成了三条引水线路，并开始进行前期规划。

王化云对南水北调在理论上也进行了深入的思考。他曾先后在《科学通报》(1995年第8期)和《红旗》杂志(1959年第17期)发表论文,科学地阐述了南水北调的目的和方针、可行性、方案和建设时机等。他在论文中分析道："从通天河引水100亿立方米只占年径流量的1/4(金沙江石鼓站)，从雅砻江引水50亿立方米，只占年径流量的1/10(小得石站)，从大渡河引水50亿立方米只占年径流量的1/10(铜街子站)，从三条河引水200亿立方米约占长江宜昌站年径流量的5%，仅占全江总水量的2%，可见影响很小。"王化云筹划南水北调西线，既关注其对西北干旱地区的重大意义，也着眼于其对黄河治理与开发的重要作用。他指出："将调来的200亿立方米水，经过干流一系列水库调水调沙，对于黄河输沙入海，河道减淤的效果也一定很显著，将成为治黄的一条重要措施。"王化云在评价西线调水工程时指出："长江水量大，干流水库调节库容小，汛期有大量弃水，而黄河的情况正好相反，水量少，干流水库调节库容大，库容在地区分布上也比较均匀，可使年径流得到充分调节。从全局看，从长江调水是'有余'济'不足'，显然是合理的。"

王化云对南水北调东线工程也给予了很大的关注。1973年水电部决定由黄委、淮委、第十三工程局组成南水北调规划组，王化云任组长。他率队亲自查勘调水线路，在规划阶段为东线工程做了大量的工作。他认为："中线调水工程的实现，不仅将对解决华北和京津地区干旱缺水发挥重大作用，也可为黄河下游输沙入海、河道减淤做出贡献。"

在近半个世纪的治黄事业中，王化云勤于思考，不断增进对黄河的认识，在形成上述治黄方略和举措的同时，还提出了许多重要的观点和见解。

他认为："'黄河清，圣人出'，这是广大人民群众对改变黄河灾害历史的美好愿望。实践表明，这个'圣人'永远也不会出来。事实上黄河不可能变清，也不需要变清，黄河永远是黄河。"他认为："黄河的关键点是水沙不平衡，实现水沙平衡的途径是利用"两清"解决"一浑"。"两清"是指兰州以上河段和三门峡以下伊洛沁河等大小支流合计有近400亿立方米清水，而这400亿立方米清水带入黄河的泥沙仅有1吨。如果我们把清水蓄起来一大部分，用来稀释洪水挟带的泥沙和冲沙，就能大大缓和下游河道淤积。"他认为："我们对悬河谈虎色变，但悬河确实也有好的一面。"他历数悬河好的一面是："①悬河在下游几乎没有水进入黄河，只要上中游修建水库，洪水就可以得到控制，基于此他指出'今后黄河的治理与开发主要还得依靠干流，这也是我整个治黄指导思想的重要组成部分'；②悬河比降陡，排洪排沙力度大；③黄河下游高踞华北平原的脊梁上，水能自流供给农田、城市，还能向两岸补给地下水；④悬河可以向两岸输送泥沙，改良沙碱荒地；⑤污水不能进入悬河，水质较好。"他认为："有人想把黄河下游治理成'地下河'，我看不一定符合黄河的实际情况，在现有河道基础上，如果能做到微淤或冲淤平衡，黄河的问题就解决了。"（《我的治河实践》）他不主张黄河下游改道，认为"改道的代价太大了，将影响国家建设的全局。现在黄河下游仍有决口的危险，但不会改道了。即使现在来46 000m³/s的特大洪水，假设决口了，水退去后，我们及时关闭三门峡、陆浑、故县等水库的闸门，堵口是很容易的事情，不可能让黄河改道。"

王化云把自己最宝贵的40余年都献给了黄河事业。他在总结40余年治黄历程的专著《我的治河实践》中，对黄河的未来充满美丽憧憬，他写道："我理想中的黄河可以这样来描述：由于在干流上修建了若干座拦河枢纽工程，黄河将变成梯级化的河流，一座座大小水库相连，像泰山的石阶一样，从青海巴颜喀拉山脚下，逐渐下降到渤海之滨。""黄河上唯一的壶口瀑布，我建议永久保留下来，作为将来黄河上一个重要景点，供后人观赏游览。""所有支流，特别是多沙粗沙区的支流都得到了治理，形成各自的坝库体系。面上各项水土保持措施显见成效。黄土高原的生态环境得到根本改善。""通过西中东三条线路南水北调和干流七大水库的充分调节，黄河水沙基本实现平衡。黄河水沙资源得到充分利用。""可能的水能资源全部得到开发利用，黄河成为我国重要的能源基地。""由于黄河成为一条平静的阶梯式河流，航运事业可以有很大发展，将成为我国东部和西部交通运输的重要通道，也是我国又一条旅游热线。这就是我理想中的黄河，虽然是理想，但绝不是幻想。我相信在中国共产党的领导下，有优越的社会主义制度，经过一代又一代人坚持不懈的努力，黄河美好的愿景一定会变成现实。"

是啊！一个人最大的幸福，莫过于为自己的理想而奋斗，并不断享受奋斗中的成功、欣慰与喜悦。王化云为自己的，也是中华民族的理想奋斗了一生，揣着自己钟爱的事业微笑地离去了。他拥有壮美而充实的人生，他是幸福的。

2013年春，我应邀到黄河水利委员会科技委年会做"黄河下游治理的地学基础"学术报告，第一次在黄委大院里见到了王化云同志的半身青铜塑像。我伫立在铜像前，久久地凝望，绵绵地追思，深深地敬仰。柳园口大堤上的铁牛蓦然闪入我的脑海，青松翠柏为他护卫，黄河在他脚下流过，波涛向他致意，浪花与他交谈。天地间，大河旁，他在那里永远守望着。

致谢：黄河水利委员会总工程师办公室张同德、张锁成提供部分资料；黄河水利委员会办公室王敬亮主任、侯全亮巡视员提供照片；参阅了《我的治河实践》(王化云著，河南科学技术出版社，郑州，1989年)、《王化云治河文集》(黄河水利委员会编，黄河水利出版社，郑州，1997年)。

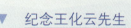

▼ 纪念王化云先生

1. 1949 年黄河水利委员会成立，王化云为第一任黄委会主任（前排右一）
2. 1931 年在北京大学历史系读书
3. 1942 年在太行山参加抗日游击战争
4. 1987 年 5 月在纪念三门峡水利枢纽工程兴建 30 周年大会上

5. 视察小浪底工地
6. 1983 年作为第六届全国人民代
　 表大会代表
7. 全家合影

纪念刘光文教授[*]

刘光文教授1910年7月30日出生于浙江省杭州市，1998年3月6日在南京逝世，是我国著名水文学家、水文教育家。

刘光文教授早年就读于天津北洋大学和清华大学，1933年于清华大学土木工程系毕业，留校任土木系助教，1936年考取清华赴美公费留学。1936~1937年在美国爱荷华大学(University of Iowa)学习水利工程，获水利工程硕士学位。1937~1938年在德国柏林工业大学学习水利工程与应用数学，于1938年回国。回国后，先后在广西大学、重庆大学、复旦大学、上海交通大学任教。1952年全国高等学校进行院系调整，集中华东地区的南京大学、上海交通大学、浙江大学、同济大学等学校的土木与水利师资，在南京成立华东水利学院(现河海大学)。是年，刘光文先生由上海交通大学调入华东水利学院，任一级教授，负责组建中国第一个陆地水文专业和水文系，并历任系主任、荣誉系主任。

刘光文教授是中国水文高等教育的奠基人。在组建水文专业和水文系时，他明确提出，"中国水文高等教育的基本任务，就是为国家水利建设培养高级水文人才"。为满足当时国家百废待兴的水利工程建设急需，他没有着意水文学的物理和地理方向，而以工程水文学作为学科发展方向，以培养"测、报、算"(水文测验、水文预报、水文计算)能力作为教学的主要内容，据此他主持制定了陆地水文专业本科和研究生的教学大纲、教学计划和课程设置。他组织编写了《陆地水文学》、《河流动力学》、《工程水文学》、《水文测验》、《水文预报》，并亲自编写了《水文分析与计算》、《应用数学》等教材，形成了我国第一套完整的、高水平的水文专业教材体系。特别值得称道的是，他组建了当时全国最高水平的水文专业教师队伍，其中包括主讲理论力学的徐芝纶教授、主讲河流动力学的张书农教授、主讲陆地水文学的施成熙教授、主讲工程水文学的詹道江教授、主讲气象学的周恩济教授、主讲水利计算的叶秉如教授、主讲水文预报的赵人俊教授等，而他本人则主讲水文分析与计算、应用数学等课程。这些教授们都是学贯中西，在水文学、力学和水利科学领域有很深造诣和崇高声誉的大家。正是由于刘光文教授和这样一批与他志同道合的著名教授们的辛勤开拓，使水文系一成立就立于当时国际水文科学的前沿，为中国水文高等教育事业奠定了坚实的基础。

刘光文教授是将数理统计学理论与方法应用于水文事件概率属性研究的开拓者。

---

* 本文原载《水科学进展》. 2010，21(6).

他揭示和回答了这一领域最基础性的问题，例如：为什么可以用数理统计方法进行河川年径流、洪水等水文要素的超长期概率预测？为什么皮尔逊Ⅲ型(P-Ⅲ型)分布较其他统计分布更适合中国的水文条件？如何正确进行P-Ⅲ型分布的参数估计？他特别指出参数估计的误差在推求水文要素设计值时的重要意义。他晚年孜孜不倦地对P-Ⅲ型分布的参数估计进行了深入的研究，指出："现行P-Ⅲ型分布参数估计方法照例低估过甚，或多或少出乎容许范围。"并提出了进行参数估计的"数字积分单权函数法"和"数字积分双权函数法"。他对水文设计应用数理统计方法存在的问题和前景进行了深刻的思考并留下真知灼见。他早在20世纪60年代初编写的《水文分析与计算》(中国工业出版社，北京，1963年)至今仍然是该领域的经典著作。刘光文教授是长江三峡工程论证防洪专家组的顾问，他不仅应用数理统计理论与方法研究三峡设计洪水，也鼓励用可能最大降水/可能最大洪水(PMP/PMF)、古洪水等其他途径进行探索，并提出了用"天气组合"概念推求可能最大降水的新思路。

刘光文教授的学问人生和大家风范是我们的楷模。他在水文科学与教育领域耕耘60余年，桃李满天下。他严谨的学风、耿介的秉性、中国老知识分子身上那种"春蚕到死丝方尽"的精神，深深刻在几代水文人的心中，成为大河上下水文人的美谈。我的同学马秀峰说，他于1983年5月收到刘先生的一封来信，信中说："很久以前我审查过你的一篇题为《计算水文频率参数的权函数法》的论文，当初我是不赞成的。尔后反反复复考虑，又觉得你的论点是有一定道理，因此让我的研究生用100个不同参数的理想样本还原计算，并与其他方法进行比较。没想到，权函数法具有最高的还原精度。"事隔数年，秀峰同学谈起此事仍为先生的严谨和谦逊深深感动。刘先生审稿一向严格，我多次请刘光文先生为《水科学进展》审稿，有时他的审稿意见几乎与稿件的篇幅一样长，而刘先生对自己论文的要求几近苛刻，论文即使已经发表，还要在已发表的文稿上反反复复的修改，补充新的进展，务求精益求精。我在大学时，《水文分析与计算》课程是刘先生主讲的，他从不用讲稿，却每节课都主题突出，概念清晰，旁征博引，而且融入他自己的研究成果与心得，然后布置多达20余篇的中、英、俄文等参考文献，每每让我感受到聆听他讲课的那种大家风采。刘先生坦诚耿直，20世纪50年代一些人唯苏联专家意见是从，刘先生很不以为然，点名批判某专家的错误规划思想，并在公开发表的论文中写下"如缘木求鱼，鱼未上钩，钓上了蛇"的尖锐语言。

刘先生爱自己的国家，在抗日烽火连天的日子里，他毅然回到祖国。刘先生爱自己的事业，直到逝世前一周还填词《诉衷情》抒发对水文科学的眷恋："此生谁料，心在水文。"刘先生爱自己的同事，在同事张先生夫妇均被错划为右派而生活拮据的日子里，他冒着被批判的风险把自己月工资的三分之一送到他们手中。刘先生爱自己的学生，他的学生陈惠泉回忆起毕业时刘先生对他说："第一，你以后做工程师，一定要有engineer's character，严谨、一丝不苟；第二，你身上有个小毛病，太粗心，要改。"我们水文62届(1957年入学，1962年毕业)毕业的时候，刘先生题词勉励，并在临别宴会上一一为我们敬酒饯行。刘先生爱自己的家人，病中还惦记着要安排好在美国求学的孙子回国后的生活。刘先生唯独很少考虑自己，他一生简朴，两袖清风，连自己的遗体也捐献给了医学科学事业。刘先生离开我们12年了！在纪念他100周年诞辰的日子里，河海大学在他耕耘了半个世纪的校园里，树立他的铜像，缅怀先生奉献和崇高的一生。

先生在继续引导和伴随我们前行。

致谢：参阅了《刘光文水文分析与计算文集》(中国水利水电出版社,北京,2003年)；部分照片取自河海大学水文水资源学院院史陈列室。

▼ **纪念刘光文教授**

1. 主讲水文系应用数学课程
2. 1933 年毕业于清华大学
3. 1963 年和青年教师在一起 (前排左一)
4. 1979 年全家合影

▼ 纪念刘光文教授

5. 1986 年在长江考察
6. 1997 年参加工程水文学教材
   审定会（右四）
7. 伏案计算 P- Ⅲ型分布参数
8. 大坝留影

纪念张书农教授[*]

2002年9月23日是张书农教授逝世5周年纪念日。这些年来，张先生高大挺拔的身影、自信乐观的微笑，尤其是在课堂上讲课时的翩翩学者风度和生动情景，常常浮现在我的脑海里。记不清有多少次了，我总想着要写点什么，以表达我对张先生的怀念之情，然而终未成文，作为学生，心中时常感到愧疚。

张书农教授1910年10月30日出生于江苏省宝应县，1933年毕业于中央大学土木系。1933~1936年任导淮委员会助理工程师，1936~1937年受全国经济委员会派遣，赴越南、法国、荷兰、比利时等国考察水利。1937年入德国柏林工科大学学习，1940年获博士学位，同年回国。1941~1944年任四川綦江导淮委员会工程师，并兼任复旦大学(重庆)、浙江大学(遵义)教授，1944~1949年任中央大学水利系教授，兼任钱塘江工程局顾问工程师，1949~1952年任南京大学水利系教授。从1952年起一直担任华东水利学院(现河海大学)教授，直至1997年9月23日逝世，其间于1956~1968年兼任水利部/交通部南京水利科学研究所副所长。

张书农教授早年从事农田水利和土壤改良教学与研究，并主持多项农田水利工程建设。解放初期，他参与南京市下关码头的江岸工程建设并积极投入1954年的抗洪斗争。他撰写的《治河工程学(上、下册)》(中国科学图书仪器公司，1951年9月出版)、《农田排水工程》(龙门联合书局1951年8月出版)、《农田水利工程》等均是当时该领域最重要的著作之一。张书农教授与沙玉清教授(1907~1966年)、方宗岱教授(1911~1991年)等老一辈泥沙专家一起，是我国河流泥沙研究的奠基者和开拓者。他继翻译了R.WINKEL(德)1947年著的《河渠水力学》(中国科学图书仪器公司，1954年7月出版)后，潜心研究河流泥沙运动，于1965年撰写出版了《河流动力学》，建立了我国泥沙研究的学科框架，是当时这一领域最系统、最全面的专著之一。晚年他与成都科技大学的华国强教授联合主编《河流动力学》(水利电力出版社，1988)，成为高等院校河流泥沙专业的主要教科书。

张书农教授早在20世纪70年代就预见到了水污染将是影响我国社会经济发展和人民生活的严重环境问题，并把主要精力由河流泥沙研究转向致力于水污染防治及其学科基础的研究。他亲自主持了引滦入津水源保护研究、上海闵行热电厂等的热污染研究，

* 本文原载《水科学进展》. 2003，14(5).

上海苏州河、南京秦淮河以及苏南河网区水污染防治研究等一大批国家重大科研项目。

在这些研究中，张书农教授在揭示污染物质在水中运移、扩散与稀释的机理，河流泥沙对污染物转播、沉降的作用机理，河、湖底泥耗氧机理以及温差异重流等方面作出了开拓性贡献。在总结这些研究成果的基础上，张书农教授于1978年12月出版了《环境水力学》，是这一领域的奠基之作。

张书农教授不仅孜孜不倦于科学研究，也积极推动水环境科学事业的发展。他是中国环境科学协会常务理事、中国水利学会理事、国家科委长江三峡工程论证环境组成员、中国环境水利研究会副理事长。

张书农教授一生对水利教育倾注了大量心血，桃李满天下。他参与创办华东水利学院，先后任副教务长、系主任等职。在50多年的教学生涯中，他开设了农田水利学、河流动力学、环境水力学等一批新的课程，亲自撰写讲义和授课。张先生通晓英、俄、德、法、日等多国语言，翻译了大量国外水利科技书籍和文献，创建和丰富了国内相关教材。20世纪80年代初，他深感国家急需高级水环境科学人才，创建了河海大学环境水利学硕士点和博士点，培育了位于该学科前沿的学科梯队。

张书农教授为人耿直，豁达、自信。记得在1959年全国"反右倾运动"中，高等院校掀起批判"资产阶级学术权威"之风，张书农先生作为二级教授自然首当其冲，但他在"批判会"上却侃侃而谈，同学们听得津津有味，批判会成了学术演讲会，散会时同学们说："张老师有学问，考不倒！"。我有幸在大学四年级时聆听张先生讲授"河流动力学"课程，并于1962年初夏在河流动力学实验室协助他做泥沙实验两个多月，深感张先生不仅是一位学识渊博的学者，而且是一位可敬可亲的长者和朋友。

又到了丹桂飘香的九月，我仿佛看见张老师微笑着漫步在河海大学校园的花丛间，我采下一束金桂，放在河流动力学实验室老师当年工作室的窗台下……

致谢：戴申生先生、褚君达教授提供资料并审改全文；河海大学人事处提供部分资料；张书农先生之子张传绪先生提供部分照片。

▼ 纪念张书农教授

1. 获中国水利学会从事水利工作
   五十年荣誉证书合影（前排右二）
2. 在家里工作
3. 作学术报告
4. 和夫人在家中

纪念施成熙教授*

施成熙教授逝世一周年了，我们怀着崇敬的心情纪念这位著名的湖泊学家、水文学家和水文教育家。

施成熙，字止敬，江苏省海门市树勋镇人，于1910年11月26日出生于一个农民家庭，早年毕业于江苏省立南通中学，因家境清贫无力支持他上大学，便考入江苏省测量人员养成所，从事土地测量工作，待自己稍有积蓄，考入杭州之江大学土木工程系，毕业后历任国立同济高级工业学校教员、江苏省建设厅助理工程师。1937年赴美国康奈尔大学土木工程系留学，1938年获土木工程硕士学位，并在爱荷华大学研究院进修。于1938年末回国后历任叙昆铁路工程局、四川省水利局工程师、国民政府行政院水利委员会技正、水利部视察工程师、台湾省水利局顾问兼总工程师，并曾任国立浙江大学土木系教授、复旦大学土木系教授兼系主任、之江大学教授、乡村教育学院水利系教授。1950年任华东军政委员会水利部测验处副处长，1952年起任华东水利学院教授，直至1990年1月13日逝世。

施成熙教授曾兼任中国科学院研究员、南京地理与湖泊研究所湖泊室主任、中国海洋湖沼学会副理事长、中国地理学会水文专业委员会副主任、江苏省湖沼学会理事长等学术职务。

施成熙教授是我国湖泊科学事业的奠基人和开拓者。施成熙的胞弟施雅风院士生前回忆说："1957年11月，竺可桢副院长主持召开湖泊工作座谈会，目的就是建立我国湖泊科学，因科学院缺乏这方面人才，希望华东水利学院帮助，请我哥施成熙主持此事。"就此施成熙与湖泊科学结下了不解之缘。1958年6月，施成熙主持建立了中国科学院南京地理研究所湖泊室，设有水文气象、地质地貌、水化学、水生物4个专业组，施成熙任室主任，这是我国第一个湖泊研究机构。不久他又创建了我国第一个湖泊实验站——太湖宜兴湖泊实验站，开始了我国湖泊野外实验研究。"文化大革命"期间，中科院南京地理研究所下放给江苏省，湖泊科学研究也接近停滞。1979年国家科委召开湖泊研究会，施成熙在会上详细阐述了湖泊科学对国家经济发展的重要性和我国与国外的差距，受到国家科委领导高度重视，促成了南京地理研究所重新回归中国科学院，并正式更名为中国科学院南京地理与湖泊研究所。现在，该所湖泊科学研究已成为学科齐全、设备先进的国家湖泊研究中心，引领我国湖泊科学不断攀登。

* 本文原载《水科学进展》. 1991，2(1).

施成熙教授提出和组织了我国首次全国性的湖泊调查，并亲自率队调查了鄱阳湖、巢湖、洪泽湖、太湖等20余个湖泊。在大量调查成果基础上，施成熙教授主持撰写出版了《中国湖泊概论》(科学出版社，1989年)和《江苏湖泊志》(江苏省科学技术出版社，1982年)，发表了《洪泽湖水文特性》、《巢湖水文特性》、《鄱阳湖水沙平衡分析》等多篇学术论文。施成熙教授的湖泊研究涉及湖泊热学、湖泊光学、湖水运动、湖泊水文气象、湖泊生态环境、湖泊沉积等湖泊学的广阔领域。他发现了温带浅水湖泊的多循环现象，改变了传统的双循环概念。

施成熙教授十分重视湖泊的开发利用。他撰写的《江苏省大水面利用》、《苏南小湖群开发利用》、《苏北小湖群利用》、《江苏省沿海滩涂资源开发》等论文和咨询报告，为江苏省湖泊开发利用提供了重要依据。

施成熙教授在八十高龄患病期间，依然心系我国湖泊科学的发展，撰写了《湖泊水文科学研究现状与趋势》、《湖泊科学研究三十年与展望》等论文发表在《地理学报》、《光明日报》等重要学术期刊与报刊上。

施成熙教授在水文科学领域做出了重要贡献。20世纪50~60年代，为满足新中国水利建设的急需，在水文科研和教学中将工程水文学作为优先发展方向，尤其侧重"测、报、算"(水文测验、水文预报、水文计算)的应用研究与教学。施成熙教授认为，在当时这固然是必要的，但也不能放松水文科学基础理论的研究。于是，在他主持的陆地水文学教学中，着力加强水文科学的地理方向和物理方向的教学和科研工作。

在水文地理学方向，施成熙教授的突出贡献在于，他首次进行了中国河流分类。1957年10月，施成熙教授赴苏联莫斯科出席"第三届全苏水文会议"(同行有叶永毅、谢鉴衡)，在大会上发表了论文《中国河流分类》。在论文中，他提出以气候区划、河流补给水源和河川径流年内分配特征为主要依据，将中国河流分为3类16型，即雨源类，包括华南型、台北型、岭南型、东南型、黔鄂型、川汉型和淮河型共计7型；雨雪混合源类，包括黄上型、黄中型、华北型、辽滦型、松黑型、西疆型、天南型、阿尔泰型共计8型；冰雪混合源类因当时缺乏资料，统称为西北型。施成熙在河流分类基础上，提出了中国水文区划方案，是中国最早的水文区划成果之一。

在水文物理学方向，施成熙教授对中国陆面蒸发的观测、计算和蒸发时空分布进行了开拓性研究。20世纪60年代，施先生对我国位于重庆、宜兴、官厅的$100m^2$、$20m^2$大型蒸发池和位于全国各地的E_{601}型蒸发器、гги-3000型蒸发器、套盆式80cm蒸发器、$\Phi20cm$大型蒸发器的水面蒸发观测成果进行系统比较和分析，给出了各型蒸发器的折算系数，并且分析了折算系数与气象要素、仪器安装等因素的关系，给出了各型蒸发器折算系数的计算方法(施成熙等，《华东水利学院学报》，1964年)。该项研究为提高蒸发观测精度，改进蒸发器设计、观测点布局与安装、制定观测规范等提供了重要依据。施成熙教授对当时用于蒸发量计算的水量平衡模型、热量平衡模型、质量转移模型和气候指数模型进行了深入分析，根据中国蒸发实验站的资料，建立了中国不同地区的蒸发计算半经验半理论公式——曲线气候指数模型，由于其精度优于苏联经验公式和美国质量转移模型，在国内得到较普遍应用(施成熙等，《地理学报》，1984年第4卷第1期)。20世纪80年代后，施先生关注蒸发时空分布的研究，绘制了上海经济区和淮河流域不同月份的蒸发量等值线图(施成熙等，《河海大学学报》，1987年，第15卷增刊2期)。

施成熙教授对于水文科学其他领域也有广泛和深入的研究，著作颇丰。他与粟宗嵩、曹万金等合著的《农业水文学》开拓了水文学与农业科学的交叉学科。他作为编委会主任委员，主持编撰了《中国大百科全书·水文科学》卷，他还是《中国农业百科全书·水利》卷编委兼水文水资源组主编。他在任台湾省水利局任总工程师期间所撰写的《台湾省工程处理手册》(1948年)、《台湾省之农田水利》(1949年)等是20世纪40年代台湾省水利事业的珍贵资料。

施成熙教授大部分精力倾注于中国水文教育事业。新中国成立前，他前后讲授过《河工学》、《水文学》、《灌溉工程》、《水力发电》、《海港工程》、《水工设计》等课程。1952年到华东水利学院任教后，主持陆地水文学教学工作，编写了《水利调查讲义》(1954年)、《湖泊学讲义》(1961年)、《陆地水文学原理》(1964年)、《湖泊水库水文学讲义》(1979年)、《农业水文学》(1984年)、《水文物理讲义》(1985年)等10余种教材。施先生教学注重理论联系实际，在他主持下，在清凉山建立了校园气象观测站，在宜兴茗岭建立了径流实验站，供师生们科研和实习，在他的课程中，一定安排有河流调查和湖泊调查等实习内容。1959年我上大学三年级，有幸聆听施成熙教授主讲"陆地水文学"，当年适逢他的《陆地水文学》(上册)出版。施先生讲课语调平缓，条理清晰，虽然以陆地水文为主，但讲的内容涉及地质、地理、气候、植被等广泛内容，为学生铺陈宽阔的知识领域。现在回想起来，我在20世纪90年代以后的科研工作逐渐向大气圈、岩石圈和自然地理领域延伸，应该是与聆听施先生主讲"陆地水文学"有着较密切的关系。

施老治学博览勤耕。走进施老家中的长条形书房，北西两面墙完全是高达天花板的书架，如同两面书墙，陈列着古今中外有关地理、水文、湖泊、水利、土木工程、近代科技、历史、文学等各类图书和期刊与剪报，许多书中夹着阅读过的纸条或阅读心得插页，记录着施老博览之浩瀚。施老一生著述颇丰，计各类专著、讲义20余种，论文80余篇，更有许多讲稿、笔记等，凝聚着一位学者毕生的耕耘。

施老待人谦和宽厚。无论对青年教师或学生，他总是循循诱导，如同朋友间的交谈。施老的住宅坐落在南京天目路30号，那是一栋精致的二层小楼，著名力学家徐芝纶院士住在一楼，施老住在二楼。1982~1987年施老担任《中国大百科全书·水文科学》编委会主任，我作为特约编辑兼综论副主编，经常去他府上汇报工作。每次登门造访，他必请保姆沏茶，谈完工作必亲自送到一楼大门边，我实在过意不去，一再劝他不必下楼，施老却总是笑着说："要送的，别人来我也这样送的。"在我心中，施老是一位慈祥的长辈。

施老生活俭朴。那件宽大的藏青中山装早已洗得褪色了，家中伙食多是些豆芽、煮花生米、青菜和一点小荤，家里陈设多是些几十年的老旧家具，乍一看去真不敢相信是一位老教授的家居。

我深深怀念着施老，他低调、慈祥、辛勤耕耘一生。他如同映在清澈湖水中的一轮明月，一柱在杏坛燃尽自己时那一抹留在学生心中的烛光。

致谢：施成熙先生孙女施允丹律师提供部分照片；参阅了《施成熙湖泊水文文选》(河海大学出版社，南京，1989年)。

▼ 纪念施成熙教授

1. 1937 年在南通浪山与母亲、弟弟施雅风合影 (右一)
2. 1938 年在康奈尔大学与中国同学合影 (右一)
3. 与孙新之女士结婚照
4. 和青年教师一起讨论教材 (左二)

▼　纪念施成熙教授

5.《中国大百科全书·水文科学》编委会合影（前
　排左六）

6. 1977 年全家合影

7. 和之江大学同学欢聚（左二）

8. 在家中书房

纪念方宗岱先生[*]

方宗岱先生是我国著名水利专家、泥沙专家。

方宗岱先生于1911年6月18日出生于浙江省金华县。1935年毕业于武汉大学土木工程系，获学士学位，1937年获硕士学位并留校任教。1939~1942年在原中央水工试验所任职。1942~1945年在甘肃林牧公司从事规划设计工作。1946~1949年先后在原全国水力发电总处和原水利部防洪司任职，并于1946年参加国际治黄考察团。1949年5月上海解放，方宗岱先生作为水利专家留任华东水利部，负责水利规划工作，从此满腔热情地投入新中国的水利事业，并为之奋斗了近半个世纪。于1991年11月28日在北京逝世。

方宗岱先生是新中国泥沙科学事业的创始人之一。1954年，方宗岱先生担任北京水利科学研究院筹备处副主任，主持筹建了河渠研究所(现称泥沙研究所)，1956年起一直担任该所主要负责人，主持全所科研工作。他在该所辛勤耕耘数十年，和其他专家们一道，带领全所同志完成了我国许多重大的泥沙科研工作，把该所建设成了我国大江大河治理及泥沙基本理论的试验研究中心，并成为世界泥沙研究的重要基地之一。

方宗岱先生对我国水利水电工程规划建设中的泥沙问题，提出了许多有益的建议，作出了重要的贡献。早在黄河三门峡工程规划设计阶段，他便指出"在三门峡修建高坝大库可能对关中平原造成危害"。在三门峡工程修建过程中，他建议把12个底孔的高程降低20m，被苏联设计部门所采纳，并为以后的排沙创造了重要的条件。在三门峡工程改建中，他力主全部打开12个底孔，经实践证明此意见是完全正确的。在长江三峡工程可行性论证中，他提出了三峡工程与重庆港淤积、武汉防洪和对长江口的影响等重大问题，对深化三峡工程的可行性论证起到了推动作用。他对都江堰围堰破坝、黄河位山枢纽破坝、青铜峡炸坝排沙以及黄河小浪底水库长期保持足够拦沙库容等重大工程泥沙问题，都提出了重要的建议。

方宗岱先生几十年潜心从事泥沙科学研究，进行了许多开拓性的工作。他很早就提出了长江口泥沙观测问题。20世纪50年代末，他利用永定河下游作为研究三门峡工程修建后黄河下游河道演变及治理问题的天然模型，进行了大量的观测，为研究黄河河床演变提供了宝贵的资料。他提出的高含沙水流远距离输沙及利用高含沙水流治理黄河的设想，受到了各方面的重视，为推动高含沙水流研究和黄河治理开拓了新的途径。

* 本文原载《水科学进展》. 1994. 5(4).

方老一生治学勤奋，并且特别强调理论联系实际和创新精神。在许多重大水利水电工程决策的讨论中，他不唯上、不唯书，实事求是，坦陈己见。在科学研究中，他有句名言："文章切忌随人后，科研尤贵有新篇。"他先后发表了《泥沙处理是水利工程成败的关键》、《非牛顿体高含沙水流治理黄河的科学机理与生产实践》、《60年代两个世界性的巨大水利工程在宏观决策失误中的经验教训》等数十篇重要的学术论著。直到晚年，他仍不顾疾病缠身，坚持工作，把黄河、长江等许许多多事关重大的泥沙问题，牵系在他那已经操劳过度的心中。

方老作风朴实，乐观豁达，平易近人。20世纪70年代，我和方老一起从北京水利水电科学研究院下放三门峡工程局，参加三门峡工程改建劳动。清晨我们结伴从大安(黄河边的一个临时居民点)步行去坝头，在工地上和工人一起开挖、浇筑，午餐时席地而坐吃着窝头和咸菜，实在累了便拿一个草袋寻避风处打一个盹。寒来暑往，五六个年头，而那时方老已年逾六旬了。然而方老却总是乐观地对我们说："把眼前的劳动和三门峡工程改建联系起来，和治理黄河联系起来，心就高远了，苦点累点就不算什么了。"多么朴实而又崇高！

方老对年青同志的工作，总是热情支持鼓励、爱护至深。记得1975年，我在方老指导下做三门峡水库防凌调度方案，当时我提出在下游封河前的封冻过程中加大三门峡水库泄量，提高山东河段封河水位，以期在开河时获得较大过水断面。这一设想立即得到方老的热情支持，并在他的直接领导下形成具体调度方案，应用中取得较好效果。在这一过程中，方老向我讲解他如何从问题出发，揭示现象，形成概念，提出方法，然后回归到原先问题的研究方法论，使我从中受益。

方老对待生活，总是那样乐观、豁达，怀着一种积极的心态。记得在三门峡工地时，生活非常艰苦。我们都是住在工棚里，泥土地面，干打垒的土墙，顶棚是用竹片糊上报纸做成的。那时很少有蔬菜，可是有一天清晨，方老却给我送来一把韭黄，说："给你毛毛炒鸡蛋吃。"(毛毛是我女儿，那时才五岁)我一阵惊讶："这地方哪能买到韭黄？"方老笑着说："我发明的，把韭菜籽撒在床底下，光线不好，就长成韭黄了！"这件事一直久久记在我的心里。现在去菜市场见到韭黄时，常常又闪出那让我快乐又感动的情景。

方宗岱先生为中国的水利事业和泥沙科研事业辛勤耕耘了半个多世纪。黄河上下、长江两岸留下了他的足迹和汗水，三门峡、小浪底凝聚着他的心血和智慧，而方老的慈祥和睿智留在了我的心里。

致谢：部分照片取自《方宗岱诞辰100周年纪念文集》(中国水利水电出版社,北京,2011年)。

纪念林一山先生

林一山是我国著名水利专家，现代长江治理开发事业的开拓者和领导者之一。

林一山于1911年6月18日出生在山东省文登县。1931年就读于济南高中期间，积极投身抗日救亡运动，1935年9月进入北平师范大学历史系读书，1936年参加中国共产党，曾任地下党北平师范大学中心支部书记，积极组织参与"一二·九"爱国学生运动。1937年"七七事变"爆发，受党组织派遣，于同年9月前往胶东地区组织领导抗日武装起义，历任中共胶东特委常委、宣传部部长、特委书记和胶东区游击司令员。1946~1949年解放战争时期，先后担任青岛市委书记兼市长、辽南省委书记兼军区政委、辽宁省委副书记兼副政委。辽沈、淮海、平津三大战役胜利后，任第四野战军南下工作团秘书长。

1949年初任中南军政委员会水利部副部长、党组书记、财经委员会副主任。1949年11月8~18日水利部在北京召开各解放区水利联席会议，会议决定组建流域水利机构，并首先设置黄河水利委员会、长江水利委员会(1954年4月至1988年6月更名为长江流域规划办公室，简称"长办"，下同)、淮河水利工程总局，由水利部直接领导。同年12月17日，周恩来主持召开中央人民政府政务院第一次政务会议，会议决定由林一山任长江水利委员会主任，并于3月7日正式任命。林一山在这一岗位上工作了33年，直至1982年改任长江水利委员会顾问，1994年离休。在1975年后，林一山曾兼任水利部顾问。

1949年，在林一山率"四野"南下工作团南下途中，中央宣布了广西壮族自治区领导班子人选，张云逸任广西人民政府主席，林一山任第一副主席。然而当"四野"南下工作团到达武汉后，林一山在长江边看到因水灾流离失所、逃荒要饭的灾民，看到沿街乞讨的灾区孩子时，他深深触动了，体悟到水利是立国兴邦、社会安宁之根本。他本着"要立志做大事，不要立志做大官"的志向，向张云逸同志提出不去广西任职，并经中央批准留在中南局，出任中南局水利部副部长。从此开始了他的水利人生，并和长江结下了不解之缘，为长江治理与开发事业呕心沥血，做出了巨大的贡献。

兴办荆江分洪工程

1949年，长江、汉江同发大水，堤溃垸决，酿成严重水灾。林一山考察长江大堤，深知万里长江险在荆江，荆江大堤一旦溃决，滔滔洪水将横扫江汉平原，甚至有长江改道之虞。于是林一山治理长江的第一项重任即培修加固荆江大堤及沿江主要堤防，揭开了新中国长江堤防建设的序幕。

然而，正如林一山在为《荆江分洪工程志》所做的序中所说："在当时国家经济困难的情况下，要在短时期内把大堤加固到能抗御已发生过的特大洪水是不可能的。解决的办法只能是尽可能加高培厚防洪大堤，同时尽快修建南岸分洪工程，以减轻洪水威胁。"于是，林一山于1950年2月提出荆江分洪方案，并于1951年1月由长委提出《荆江分洪工程计划》。在毛主席和中央支持下，1952年3月，中南军政委员会发布《荆江分洪工程的决议》，于1952年4月开工。荆江分洪工程是一座特大型分洪工程，其中一座分洪闸——北闸的分洪量达8000m³/s，却只用了75天就在当年汛期之前完成。荆江分洪工程在1954年洪水中分洪达122.6亿m³，降低沙市最高水位0.94m，在战胜1954年特大洪水中发挥了重要的作用，并一直运用至今，是新中国治理长江的第一次伟大壮举。

制定长江治理开发战略

林一山在1950年遵照中央指示组建长江水利委员会时，就开始了对长江治理与开发的战略思考。1952年他提出了以防洪为主的"治江三阶段"方略：第一阶段以培修加固堤防为主；第二阶段利用沿江湖泊洼地多的特点，以兴建平原分、蓄洪工程为主，使能蓄纳1949年或1931年型洪水的溃口水量，以达到重点地区可以防御与上述相近的洪水的目的；第三阶段以结合兴利修建山谷水库为主，进一步控制和调节洪水，并发挥水利枢纽防洪、发电、航运、灌溉、供水、养殖等综合效益。基于"治江三阶段"方略，林一山提出了编制长江流域规划的构想，于1955年着手组织和主持编制，于1958年编制完成以防洪为重点，以水资源综合利用为主体，涵盖经济与社会建设各个方面的《长江流域综合利用规划要点报告》(以下简称《长流规》)，并在1958年3月中央"成都会议"上获得通过，林一山为《长流规》撰写了总论。《长流规》在后来长江治理与开发实践中不断完善，对现代长江治理与开发起到了纲领性作用。

汉江治理与丹江口工程

林一山在审视历史上长江中游水灾的文献中，了解到1935年7月大洪水使汉江遥堤决口，一夜之间竟然淹死8万多人，深为震惊，认识到汉江治理是长江治理刻不容缓的组成部分。他在1950年末就提出要将汉江防洪规划列为工作重点，并组织洪庆余、魏廷琤等长委规划处人员着手编制《汉江流域规划报告》。《汉江流域规划报告》确定丹江口工程为汉江治理开发的第一期工程，杜家台分洪工程为汉江整体防洪工程的组成部分。随即开始了初步设计，林一山对设计工作给予了高度重视，即使在1954年长江大水时，长委任务繁重，几乎所有人员都投入防洪抢险，但丹江口工程设计和科研工作继续坚持。林一山对设计思想提出了极具远见的指导，他指出：丹江口工程既是汉江的防洪工程，也将是南水北调未来的一条输水线路的水源工程，必须在设计中有充分考虑和安排。

丹江口工程于1958年9月1日开工，这是一段特殊的时期，注定了丹江口工程将经历太多曲折和困难。例如，在1958年大跃进的形势下，贯彻"多快好省"总路线，工程部提出"以土为主，土洋结合，洋为中用，先土后洋"十六字方针。结果出现了混凝土空洞和裂缝等一系列工程质量问题。面对不尊重科学，不按客观规律办事等速度与质量的尖锐矛盾，林一山果断提出"一定要停工，补强后再做"。但当时湖北省省长张体学提出"边浇边处理"，水利部领导说先浇到126米，到能代替上游围堰时再停工。林一山坚持自己的意见并向周总理报告。周总理提出三条指示：第一条是停工，做好补强设计，待大坝补强后再往上浇；第二条是施工服从设计；第三条是做好机械化施工准备。林一山坚决贯彻周总理三条指示，对保证工作质量起到了关键作用。又如，当工程建设进入到20世纪60年代初，国家面临"三年困难时期"，人们吃不饱饭，有人提出要工程下马，丹江口工程面临新的困难。此时林一山深知形势之严峻，他知道不能硬顶，便提出了"文下"的方案。这一方案挽救了工程下马的命运，并随着形势的好转，终于完成丹江口水库第一期工程建设任务。足见，林一山既是丹江口工程的提出者，规划思想的指导者，也是工程得以建成的中流砥柱。

葛洲坝临危受命

1970年12月26日是毛主席的78岁生日。那天晚上，毛主席在关于葛洲坝的文件上写了一段52字的批示："赞成兴建此坝。现在文件设想是一回事。兴建过程中将要遇到一些现在想不到的困难问题，那又是一回事。那时，要准备修改设计。"在那特殊的年代，最高指示就是惊雷，10万民工和解放军61部队迅速在葛洲坝工地集结，南津关前人群如蚁，人声鼎沸。我当时正由北京水科院下放在黄河三门峡水库参加大坝改建，也被调派到葛洲坝，参加三江围堰建设。

然而，当时葛洲坝工程还没有一个完整的初步设计和施工设计，也没有设立工程局和全面施工计划，偌大的工程，人们对下一步干什么和怎么干，心中无数。于是，有人创造了一个叫"三边政策"的新名词，即边施工、边设计、边勘测。"三边政策"带来设计上的困难、严重质量问题和极大人力物力浪费。葛洲坝工程向何处去？在此严峻时刻，周恩来于1972年11月10~14日，抱病主持国务院会议，决定葛洲坝主体工程暂停施工。由林一山、张体学、钱正英、王英先、马耀骥、沈鸿、谢此一、袁宝华、簾荣禄共9人组成葛洲坝工程技术委员会，由林一山负责，组织修改工程设计，直接对国务院负责。

其实，在葛洲坝酝酿阶段，林一山考虑到葛洲坝抬高水位将会增加三峡工程水下施工的困难，是不赞成先建葛洲坝的。他在《林一山回忆录》自序中写道："中央决定先修葛洲坝，我是唯一上书反对的，但此事一经中央决定，就全力以赴。"当时，尽管他已患右眼黑色素癌，双眼近乎失明，但周总理要他临危受命，他毅然承担起了这副重担。

修改和完善工程设计，是葛洲坝再建的重中之重，林一山为此投入了巨大的精力，尤其在解决枢纽布置和船舶进出船闸的安全与船闸淤积两大难题面前，表现出了战略家的眼光和智慧。

枢纽布置的困难在于，作为低水头枢纽，既需要有很大空间布置泄洪闸，也需要尽可能多布置水电厂房，而南津关以下河道被葛洲坝和二坝两个天然江心岛纵向分隔成大江(中泓主流)、二江和三江，严重限制了泄洪闸和发电厂房的布置空间。林一山抓住这一矛盾，在深思熟虑之后语出惊人："挖掉葛洲坝"，这一主张当时几乎令所有人惊诧甚至觉得不可思议，因为葛洲坝工程即以此岛而得名。然而后来的实践证明，挖掉葛洲坝确实是解决枢纽布置空间唯一和最优的方案。

船闸布置的难题在于，南津关一带水流复杂，有涡旋、剪刀水等，且滩边淤积碍航，不利于船只进出船闸。林一山在广纳众言的基础上，提出："在坝上游建两道堤伸向南津关，在船闸上游形成两个静水区。这样船舶一出南津关很快进入静水区，从容减速停靠，且静水区的水面较窄，可以提高冲沙的效率，把边滩冲掉，同时也消除了坝前的横向流，岂不是一举数得。"这一方案当时被概括为"一体两翼"和"静水通航，动水挖沙"。运行以来的实践证明，林一山提出的方案是完全正确的，既满足了泄洪发电布置的空间要求，也满足了船舶进出船闸的安全和船闸淤积问题。在完成重构枢纽布置和对设计进行重大修改的同时，施工组织等一系列工作也取得显著进展，1974年10月葛洲坝工程复工，1981年1月4日大江截流成功，并获得国家科学技术进步特等奖。林一山拖着严重的疾病，完成了周总理的重托。

三峡工程之梦

三峡工程是长江治理开发战略的核心工程，在林一山心中有千斤重，为此他呼吁、推动和研究了40余年。

1953年2月19~22日，林一山陪毛主席第一次视察长江。当林一山讲到计划在上游支流兴建一系列梯级水库拦蓄洪水时，毛主席问道："修这些支流梯级水库，都加起来，你看能不能抵上三峡这个大水库？"林一山回答说："都加起来还抵不上一个三峡水库的防洪效益。"毛主席说："那为什么不在这个总口之上卡起来，毕其功于一役？就先修这个三峡水库怎么样？"这是毛主席首次提出了修建三峡工程的设想。据随同考察的魏廷铮回忆，毛主席还叮嘱说："你们回去研究，有了方案向我报告。"这次谈话给了林一山巨大的鼓舞，也成为他治江事业中最重要的不懈追求。

然而，真正将三峡工程成为决策，还经历了两次斗争。1955年中央决定开展长江流域规划工作，并请来苏联专家。143位中苏专家于该年10~12月考察长江后，苏联专家组组长德米特列耶夫斯基正式提出了猫儿峡方案，即在重庆上游40km处兴建猫儿峡枢纽作为重点工程，再配以嘉陵江合川、岷江偏窗子和金沙江向家坝等一系列大中型工程，解决长江中下游防洪问题。但林一山并不赞成，他认为这样的方案一来猫儿峡淹没过大，二来这些水库的下游到宜昌区间还有30万平方公里的暴雨区无法控制，主张兴建三峡工程更有效。1956年12月周总理约德米特列耶夫斯基、林一山和著名气象学家竺可桢进行讨论，最后总理决策："还是以三峡工程作为长江流域规划主体工程比较好。"德米特列耶夫斯基也表示赞同，结束了这次争论。在当时向苏联一边倒的年代里，林一山坚持科学，提出与苏联专家不同的意见是需要胆识和勇气的。

三峡工程确定后，坝址选在何处又是一个重大问题。1944年世界著名高坝专家美国工程师萨凡奇来三峡考察了10天，选定南津关作为三峡坝址。1956年苏联专家在三峡查勘后，也同意萨凡奇选定的南津关坝址。但林一山不唯洋，只唯实，他认为：①南津关河床太窄，不具备枢纽布置所需的空间；②地质条件复杂。根据长办专家对太平溪、三斗坪、南津关三处坝址的研究，认为三斗坪坝址可以避免南津关坝址的缺陷，更具优越性。最后，在周总理的主持下，选定了三斗坪坝址。1958年3月25日在中共成都会议上，正式作出了《中共中央关于三峡水利枢纽和长江流域规划的意见》的决议。回顾这一历程，我深深敬佩林一山实事求是、敢于直言的精神和品格，钦佩他的战略家眼光，正是基于此，才有了今天的三峡和三斗坪坝址。

根据"成都会议"决议的精神，林一山于当年4月即着手全面布置三峡工程的勘测设计工作，并积极筹备全国三峡工程大协作，遴选出重大研究课题。

三峡工程的寿命问题是林一山最关心的课题。1953年2月毛主席视察长江时，问到三峡水库的寿命问题。林一山根据一般的推算回答说："不少于三四百年。"毛主席虽然没有表态，但流露出这么大的工程只用三四百年不无可惜的神情。林一山敏锐地察觉到，水库寿命问题将是影响三峡决策的一大关键，从那时起，他就开始思考并推动这一方面的研究。1964年秋，他率文伏波等技术人员到辽河的闹得海水库、宁夏张湾水库、黄河三门峡水库、永定河官厅水库等10多条多沙河流上的水库进行实地调研。在总结这些水库运用的经验和问题的基础上，认识到如果采取加大水库排沙等工程措施和合理调度方式，水库是可以长期使用的。在进一步做了河流泥沙理论分析和模型试验后，他提出采取在汛期降低水库水位排沙，汛后蓄高水位的运行策略，终于为解决三峡水库淤积问题提出了科学、可行的技术途径与实施方案。

设计洪水和设计年径流是决定三峡工程规模、运用方式和效益的重要因素，因此林一山对长江的水文特征与规律的研究给予了高度重视。他主持建设了现代化的长江水文观测系统，早在1957年，他就派人到北京故宫博物院档案馆、中国科学院、北京大学等单位搜集历史洪水资料，从3万余件档案中整理出了1788年、1848年、1860年、1870年、1905年5次历史洪水文献，沿江108个府、州、县地方志中搜集了大量的洪水资料，并汇编成了反映长江历史水文资料的《长江流域水文资料》。林一山对皮尔逊Ⅲ频率曲线、可能最大暴雨与洪水(PMP/PMF)等推求设计洪水的方法提出了很有价值的见解，他还特别强调加强水文预报和水库调度的研究。在他的主导下，长办确定三峡坝址多年平均径流为4510亿m³，建议以1870年洪水作为设防洪水，水库总库容393亿m³，其中防洪库容221.5亿m³，兴利库容165亿m³。这些工作为三峡工程的可行性论证与决策做出了重要贡献。

林一山对于三峡工程移民问题给予高度重视，他首次将"水库移民"提升为"水库移民工程"，将移民纳入与规划设计施工同等的基本建设程序，为移民的科学化、规范化、法制化奠定了基础。

在林一山的主持下，长委(1988年6月起"长办"重新更名为"长委")科技人员历经近40年的努力，终于完成了《长江三峡工程可行性研究报告》，并于1989年9月上报国务院三峡工程审查委员会。1990年7月6~14日，林一山作为长委顾问出席了国务院在北京召开的三峡工程论证汇报会，会议一致通过了《关于对〈长江三峡工程可行性研究报告〉的审查意见》，并正式上报国务院，建议党中央国务院给予批准并提请全国人大审议。1992年4月30日下午，七届人大五次会议审议通过了兴建三峡工程的议案。当时有记者问林老："那天你在人民大会堂吗？"林老说："没有，那天我在家，家里很平静，我平静地等着，老伴平静地告诉我，只说了三个字'通过了'，我平静地点点头。我们家没有放鞭炮，也没有欢呼庆祝，可是我心里一直在呼叫着两个名字：毛主席和周总理，想把这个消息告诉他们。"读着记者笔下的这段对话，我的眼泪夺眶而出，我仿佛听到了老人的内心如长江的波涛在澎湃，在翻腾。

治江第四阶段

林一山在推进丹江口、葛洲坝、三峡工程建设的同时，也从未放松过对长江中下游河道治理的思考。他深知，万里长江险在荆江，心中一直牵系着荆江两岸的安危。他认为："荆江的根本问题是河岸南高北低，高差从几米至十几米，这个问题不解决，有了三峡工程，北岸临江大堤仍有溃决的危险。"他指出："要彻底解决河岸南高北低问题，主要措施是在北岸修建分洪工程，并淤高北岸低地。"他回忆道："建国初期，我们在考虑南岸分洪方案时曾考虑在北岸分洪。当时我们已经认识到，北岸分洪是一项治本工程，而南岸分洪则在实质上是重复了历史上的'舍南保北'的错误。后来之所以又选择了南岸分洪方案，是因为当时我们不具备兴建高水头泄洪闸工程的技术条件，才暂时放弃了北岸分洪的兴建。这在当时，实在是迫不得已的事。"他认为现在具备了北岸分洪的条件，却因国家体制的原因而不能实现，为此他深感遗憾。他建议说："现在唯一的希望，是用'主泓南移'方案代替北岸分洪放淤工程。"并希冀能早日实现。林一山"主泓南移"的治江策略是指，利用荆江河段的江心洲或在右岸汊道等，将原冲向北岸荆江大堤的主流引向南岸，形成南岸冲刷、北岸淤积，从而在北岸沿荆江大堤的临水一侧形成延绵的滩地，以达到抬高北岸地面，保护荆江大堤的目的。例如，在沙市一柳江河段利用江心三八滩和马高寨至郝穴河道，利用右岸汊河黄水套改变主泓形成60余公里长沿荆江大堤的沿堤滩地等。

林一山对长江中下游河道治理充满憧憬，他在晚年最后两部著作中，高瞻远瞩地提出了"治江第四阶段"的任务，为后来者描绘了将长江中下游平原建设成为河势合理、河床窄深、安全稳定的"黄金水道"宏伟蓝图。

南水北调，黄河、淮河治理

林一山眼界开阔，敏思笃行，在致力于长江治理开发的同时，对中国南水北调，黄河、淮河治理等重大水利问题也有深入研究和独到见解。

据魏廷铮回忆，1953年2月19~22日，毛主席在视察长江的"长江"舰上，向林一山讲起他在视察黄河时曾提出"北方水少，南方水多，如有可能，借一点也是可以的"的想法。林一山说："长江向黄河供水是可能的，到黄河下游最近的支流是汉江。我们现在正在研究丹江口水库，从丹江口水库引汉水济黄应该是可能的"。毛主席说："既然如此，你们回去研究，有了方案向我汇报。"这是林一山第一次向毛主席汇报关于南水北调的设想。同年11月，林一山写信向毛主席报告："经过对引汉济黄三条可能线路的查勘和选比，认为由丹江口水库自流引水，绕过唐白河平原，翻越汉淮分水岭方城垭口，然后向东北行经舞阳、许昌等地，在郑州附近入黄河的线路最理想"。当时提出的这一线路，基本上就是现在的南水北调中线方案。经过40余年的工作，长委编制完成了《南水北调中线工程可行性研究报告》，并于1994年1月25日由水利部在北京审查通过，认为可以作为中线立项依据，建议国家尽快决策兴建。

林一山对南水北调西线给予了更大的关注。他认为："比起中部南水北调从丹江口水库引水或将来规划的其他引水方案，更具价值、更雄伟的是西部南水北调。"早在1959年，他就组织长办推出了《南水北调初步意见》，其中包括四组从上游引水方案，即自金沙江玉树引水至黄河上游支流贾沟的玉积线；从金沙江巴塘引水至黄河支流洮河的恶积线；从金沙江翁小河口引水至黄河祖厉河的翁定线；从金沙江石鼓引水至黄河支流渭河的石渭线。1971年林一山两次进行西线调水线路查勘。6月考察黄河上游及源区，从西宁出发经青海湖、柴达木、格尔木、共和、龙羊峡，过玛多翻越巴颜喀拉山到达玉树、直门达水文站。8月考察长江上游，经四川江达、甘孜、雅江、巴圹及若尔盖、松潘、红原、马尔康、泸定、石棉，对雅砻江、大渡河、岷江三条河上游水系分水岭地带进行考察。1987年8月和1989年8月又率文伏波等一行进行了西线调水线路的比选考察。在实地考察和大量分析的基础上，林一山形成了将怒江、澜沧江、金沙江、雅砻江、大渡河五大河流的800亿m^{3}水量调越巴颜喀拉山进入黄河，再经大柳树进行调节配置的西线调水格局和配置方案，并撰写成专著《中国西部南水北调工程》于2001年由中国水利水电出版社出版。

林一山对黄河治理有独到的见解。他认为，黄河的水沙首先是一种资源，治黄应当主要通过农业措施达到充分利用水沙资源的目的。在1963年11月5日周总理召开的山东黄河位山枢纽改建的会议上，林一山根据这一思想提出了在黄河下游两岸实行"引黄种稻、放淤改土"的主张。1965年他率领长办技术人员赴河南、山东沿黄地区推广淤沙肥田、稻麦两熟的措施，取得了良好的效果。林一山主张在三门峡以上的西北干旱地区引水发展农业，"把黄河的水喝光，把沙吃光。"既充分利用了水沙资源，又减轻了下游的淤积。1965年3月，水电部成立以钱正英、张含英、林一山、王化云为负责人的治黄规划领导小组，林一山于7月6日向规划领导小组提出了《黄河下游规划意见提案》，在提案中明确阐述了他的上述治黄观点与策略。因此，人们将林一山的治黄方略与王化云的治黄方略戏称为"放淤派"和"拦泥派"。

林一山对淮河治理也有深入的思考。他在《再觅淮河治本之策》(《瞭望新闻周刊》2004年6月第23期和24期)一文中，认为近现代治淮是治标不治本。他指出："我们所说根治淮河，是指恢复淮河干流原有河道规律，使其发挥最大的泄洪能力。"这就需要实现河湖分家，即在洪泽湖一带恢复淮河干流的深水河床，并利用这个深水河床，逐步向洪泽湖以上直至正阳关及临淮岗一带形成溯源冲刷，使这段河道恢复成800多年前的深水河床。"他在文中还指出实现河湖分家的工程规划方案。林一山的这一治淮思想，也正是现代治淮的重要思想之一。

"老骥伏枥，志在千里。烈士暮年，壮心不已。"林一山在耄耋之年，心中依然装着许多要做的大事，他甚至还在研究汉字的改革方案。在半个多世纪里，他呕心沥血，已经为长江治理开发事业做了很多很多。然而他说："我不过开个头，事情靠大家办。长江的建设对国家关系太大了，你们一定能做得更好。"他太累了！2007年12月30日，他平静地，带着安详的微笑，长眠了。

记得在1963年春天，我随林平一先生出差长办，在水文局邹兆倬局长和杨绩昭总工陪同下拜会了林一山主任，那是我唯一一次见到他，但后来在许多重大水利问题上，常常听到他震耳发聩的声音。近一个多月来，我集中阅读了林一山多本著作和多年与他共事的魏廷珍、文伏波、郑守仁等同志的回忆文章，一位高大、睿智、充满活力的治江统帅跃然眼前。他曾高举"一二·九"运动的旗帜，经历了抗日战争的烽火和解放战争的硝烟。他本着"不要做大官，要做大事"的志向，投身长江事业，直至生命的终点。他截断巫山之雨，运筹南水北调，韬略黄淮，改造荒漠。他有着战略家的眼光，哲人的思维，科学家的探索精神，工程师的实践智慧。

林一山的治江情怀和杰出贡献，来源于他对"水利乃兴邦治国之本"的深刻认识，来源于他"不要做大官，要做大事"的人生价值追求。长江人正沿着他的道路，坚定前行。

致谢：长江勘测规划设计院纽新强院士、范杰同志提供资料和照片；参阅了《林一山治水大事要览》、《林一山治水生涯漫忆》(林一山治江思想研究会编，长江出版社，武汉，2011年)、《林一山治水文集(上下集)》(长江出版社，武汉，2011年)、《葛洲坝工程的总设计师林一山》(黄宣伟著，长江出版社，武汉，2009年)。

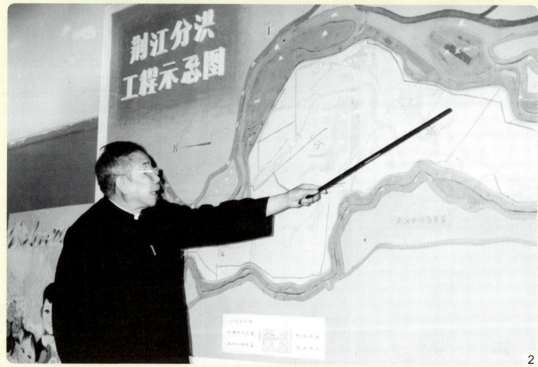

▼ 纪念林一山先生

1. 1946 年在东北，右起依次为林一山、刘澜波、肖华、张学思、白坚、江华
2. 主持荆江分洪工程

▼　纪念林一山先生

3. 在工地视察（左四）

4. 1972 年在葛洲坝工地考察工程地质（右二）

纪念黄万里教授[*]

黄万里教授是我国著名水文学家和水利学家。

黄万里教授1911年8月20日出生于上海市。1932年毕业于唐山交通大学，1935年获美国康乃尔大学土木工程硕士，1937年获美国依利诺依大学博士学位，是我国水文专业的第一位博士，同年回国。1938~1943年任四川省水利局工程师、涪江航道工程处处长，1943~1945年任长城工程公司经理，1945~1947年兼任全国善后救济总署技正、前水利部视察工程师，1947~1949年任甘肃省水利局局长兼总工程师，1949~1950年任东北水利局总顾问，1950~1952年任唐山交通大学土木系教授，1953年起任清华大学水利系教授。直至2001年8月27日在北京逝世，他怀着对祖国江河无比眷恋的赤子情怀，走完了曲折和令人尊敬的九十人生。

黄万里教授在大学时代是攻读铁路桥涵专业的，并以《钢筋混凝土拱桥二次应力设计法》等优秀论文在土木界崭露头角。然而，当他看到1931年我国长江特大洪水泛滥使7万余同胞沦为鱼鳖，1933年黄河数处决口使百万黎民颠沛流离的悲惨情景时，他毅然改学水利，治理江河，且终生矢志不移。黄万里先生研修水利以水文学为先导。他说："前辈许心武先生于大水后调查全国水利人才，都是土木结构出身的，没有一人长于水文学，而不通水文等于未入水利之门，于是，我决定从水文学入门学习水利，并于1934年元月赴美开始有计划的研究。"水文学对黄万里先生治河思想的形成起了重要的作用。

黄万里教授是我国近代水文学研究的先驱者之一。他早在1937年的博士论文"The Analysis of the Rainfall: Runoff Correlation"中提出的瞬时流率时程线理论和方法，较爱尔兰水文学家Nash教授提出的瞬时单位线早19年。他于1956年和1957年先后出版的《洪流估算》和《工程水文学》是我国近代最早的水文学专著之一。他于1975年和1976年先后提出"沙流连续方程"和"连续介体动力学最大能量消散率定律"并应用于河流水文地貌演变的分析中，成为他倡导的"治河原理"的重要理论基础之一。他对水资源的定义、内涵以及对我国水资源的评价有独到的见解，虽然他的见解与当代中国多数水资源学者们的见解相悖，但对于我们从科学与应用两个方面更深刻地理解水资源的内涵有着重要的价值。

---

* 本文原载《水科学进展》．2003，14(4)．

　　黄万里教授对江河治理有很深的造诣。他的治河思想植根于对河流水文地貌形成与演变规律的深刻认识，和直面真理的科学精神之中。

　　早在20世纪50年代进行黄河三门峡水库规划设计时，黄万里先生就力陈苏联专家设计思想的错误。他指出："由于地质史上三门峡一带抬升和潼关一带沉降为地堑，使陕县至龙门及渭河成为淤积河段，凡在淤积河段上筑坝，将使坡降更缓，淤积加甚，三门峡建库绝不可行。"他预言："三门峡修建拦河大坝，泥沙将在上游淤积，潼关以上将大淤，并不断向上游发展。""今日黄河下游的水灾将移到中游，特别是渭河。"他吁请："若一定要修，请勿将河底六个施工隧洞堵死。"可惜他的这一系列正确建议均未被采纳。1960年3月三门峡水库开始蓄水，到1962年3月潼关河床已抬高4.6m，渭河口形成拦门沙，1966年水库淤积泥沙已达34亿t，占去了总库容的44.4%，1972年回水末端上延至临潼，严重威胁古城西安。

　　黄万里教授对建设长江三峡高坝的可行性提出了自己的见解。他在《论长江三峡大坝修建的前提》中陈述："基于自然地理观点、经济观点和国防观点，长江三峡大坝之修建是不可行的。若定要建，则建议将高坝降低，以不淹没万县为度。"他指出："全部川江干支流的造床质是卵石夹粗沙，是移动的卵石河床，蓄水后卵石将在水库末端淤积，淤积将逐步向上游干支流延伸，致使那些地区水灾频繁，而且这种卵石淤积是无法清除的。"诚然，一切都有待未来事实的检验，但黄万里先生的警告无疑是我们在三峡水库未来运行中应当倍加重视的。

　　黄万里教授不仅对黄河三门峡和长江三峡工程建设提出了独到的见解，而且潜心研究中国主要江河的治理策略，并将研究心得写成讲义《水经论丛·治河原理》。在《水经论丛·治河原理》中，他提出了关于黄河、长江、淮河、海河、太湖等主要江河的治理策略。

　　黄万里教授对事业执著。他从青年时代奋志从事江河治理，虽经历了太多的坎坷磨难，但终生矢志不移。他于1971年3月所写《梦吟绝笔》："一死明知素志空，九州行水失斯翁。但教莫绝广陵散，枉费当年劳苦工。"抒发了他对事业的眷恋和希望后继有人的情怀。他在弥留之际，还留下"手笔候存"(遗嘱)："治江原是国家大事……长江汉口段力求堤固……以策万全。盼注意！注意！"表达了他强烈的社会责任感。

　　黄万里教授勇于坚持真理，处事光明磊落。在1957年于北京召开的黄河三门峡工程规划十天讨论会上，黄万里先生力陈自己的观点。他回忆道："就我一个人提出反对修筑大坝，没有一个人同意我的观点，只有温善章一人提出请改修低坝，也无人响应，会议成了批判我的会。我参加了七天，争辩了七天。"在长江三峡大坝可行性论证过程中，黄万里先生六次上书中央，力陈勿建三峡大坝，虽未被采纳，仍锲而不舍。他不唯洋，不唯上，不人云亦云。正如他去世前七天，他的子女在他九十大寿的庆祝会上所说："他只说真话，不说假话……"

　　黄万里教授知识渊博，不仅有丰厚的治水学术论著，而且留下了大量的诗词佳作。每当我读到他的诗词，不仅为那优美的词句和韵律而倾情，更受到他的治水情怀和人生领悟的陶冶。黄万里教授乐观豁达，无论在怎样艰难的环境下，他对事业、对生活都充满信心。20世纪70年代初我被下放在三门峡工地接受"工人阶级再教育"，那时黄万里先生作为"右派"也被送到三门峡清华大学水利系基地劳动改造，我们经常遇到。在一次相遇无人时，他风趣地说："扫厕所体力不太累，晚间还有时间研究黄河和信手写些诗文。"他的《论治理黄河的方略》和许多诗文就是在"右冠"未摘，打扫工地公共厕所的日子里写就的。

黄万里教授离开我们两年了，他追求真理的科学精神、光明磊落的做人风范，是我们学习的楷模。值得欣慰的是，黄河万里涛依旧，后人齐唱广陵散。

致谢：清华大学泥沙实验室提供部分材料并审读全文；选用了《长江孤旅》(赵诚著，长江文艺出版社，武汉，2004年)中部分照片。

江河之子

▼　**纪念黄万里教授**

1. 1936 在美国伊利诺依大学与同学合影
   （前排右二）
2. 1937 年与新婚夫人丁玉隽在武汉至重
   庆的轮船上
3. 1957 年全家合影，不久即划为右派
4. 1972 年从三门峡工地回家探亲，摄于
   中山公园

术中长期发展规划。这两个规划规定了我国水文科学技术的任务和目标，指出了水文科学技术发展的大方向，勾绘了一幅令人鼓舞的水文科学技术发展蓝图。

谢家泽教授领导了许多重大的水文科学技术活动和科研项目。1956年，他发起和主持了第一届全国水文计算学术讨论会，他在会议技术总结报告中提出："不论现有水文资料系列长短，均应在设计河段调查历史洪水。"根据这一意见，全国各地都进行了历史洪水调查，经过了30多年分析研究，逐渐形成了我国设计洪水计算充分利用历史洪水资料的重要特点。在他担任中国水利学会副理事长期间，发起和组建了中国水利学会水文专业委员会，并担任全国水文专业委员会第一届主任委员，水文专业委员会后来成为我国广大水文科技工作者最主要的学术团体。在他的指导下编制的《中国水文图集》、《中国暴雨参数图集》、《中国水图》等，系统、全面地揭示了我国水文要素的时空分布规律，具有重要的科学价值和实用价值。

谢家泽教授积极提倡水文科学的国际合作。早在20世纪50年代，他就作为中方代表之一，参与主持了黑龙江流域中苏联合考察。1973年9月，谢家泽教授代表我国出席了世界气象组织成立100周年(1873~1973年)庆祝大会，这是我国水文界第一次参加国际水文科学活动。改革开放以来，谢老为推动我国参加国际水文计划(IHP)、国际水文科学协会(IAHS)、国际标准化组织(ISO)等国际水文学术组织和科学活动做出了重要贡献。

谢家泽教授为我国江河治理倾注了大量心血。早在20世纪60年代，谢家泽教授就从事水库安全标准的研究，主持制定了我国水库安全标准规范和设计洪水计算规范。"63.8"海河大水之后，他亲自参加洪水调查，主持了全国水库设计洪水复核。这些成果对推动我国设计洪水和水库安全工作发挥了重要作用。他长期从事治理黄河研究，参与了治理黄河的许多重大决策，为制定黄河流域规划、三门峡水库和小浪底水库建设，提出过许多重要的建议。他对长江三峡工程的各个侧面和不同层次的问题进行了深入研究，提出自己的见解和建议。他对海河和淮河的防洪问题、黄淮海平原的水利建设问题、华北水资源短缺问题、南水北调问题都进行了悉心的研究。他的许多研究成果和建议，在重大水利决策中起到了重要作用。直到他卧床不起，在生命的最后时刻，他还在关心中国水利事业的改革，关心当前几项重大水利工程的决策。

谢家泽教授学识渊博、治学严谨、视野开阔。他曾担任国家科学技术委员会水利、水文气象、海洋组委员、国务院规划委员会水利、水文、气象、海洋委员会委员、中国科学院天地生人学术讲座顾问、《中国大百科全书·水文科学》顾问、中国水利学会副理事长等10余项学术职务。20世纪80年代以来，谢老潜心研究现代水利的性质问题。他指出："现代水利的性质问题就是水与人的关系问题，它是人类社会和自然生态圈总关系中的一个重要组成部分"(《现代水利的性质问题》，1986年在南京大学授课讲稿)，因此，他强调要随着时代的推移研究人与水的关系的变化，从中认识各个时期水利的性质、难点和对策。20世纪80年代后期，谢老把关于"水利性质"的研究推进到"全球问题与人类困境"的研究，他用系统论的思想和方法探讨了"全球问题与人类困境"的系统性质、产生原因和走出困境的途径。在这一探索过程中，他废寝忘食地博览群书，与数以百计的科学家和社会学家切磋，提出了许多重要的问题和概念，例如"现时代的意义及其大趋势"、"人类圈的形成和迅猛成长"、"全球系统及其由四元结构(大气圈、岩石圈、水圈、生物圈)向五元结构(大气圈、岩石圈、水圈、生物圈、人类圈)的演化"、"人和自然的本质及它们协调发展、共同进化的关系和准则"、"人地对话、人际对话和建立全球新秩序"等，这些问题和概念具有启迪人们思想的重要意义，是谢老晚年留给我们的宝贵财富。

谢家泽教授对中国宏观水问题的分析，思维深邃、睿智前瞻。1995年初春，北京水科院决定编辑出版《谢家泽文集》，为此谢老的夫人孙以芳老师把我叫到北京，住进国际泥沙中心招待所。孙老师把谢老几十本工作笔记交给我，叫我或按时期，或按内容整理成不同论述主题的论文或短文。历时约两周，我逐本阅读，仿佛又回到了谢老的身边。从几十年的工作笔记中，我不仅看到谢老为中国水利事业付出的辛劳，也领悟到他对中国宏观水问题和黄河三门峡、小浪底、长江三峡等重大工程那种高屋建瓴、缜密深邃和极富前瞻性的思考与分析方法。例如，谢老认为，重大水利问题的自然与社会环境很复杂，且对未来的变化难以把握，因此，寻找"最优解"是不现实的。可行的做法是首先排除劣解，然后逐渐从非劣解向合理解收敛，最后获得具有科学、哲学基础，既符合现实环境，又不有悖于可预见的未来的合理可行解。谢老的这一思维和分析方法，闪烁着科学家与哲人的智慧与气质，也给了我很大的启迪，并在很大程度上引领了我后来对问题的思考。

谢老一生诲人不倦、平易近人。在我国当代知名的水文学家中，有不少人是他的学生，许多人得到过他的悉心指导和帮助。20世纪60年代以来，我有幸多次聆听谢老的教诲，每次谈话，都好像跟随着他走上一个新的台阶，感到豁然开朗。谢老对中青年水文科技工作者严格要求，寄予厚望。他多次对笔者说"中国自然地理条件复杂，水文科学研究大有作为，你们这一代要出一批优秀水文学家，要为此立志。"

谢老对于新事物总是给予满腔热情的支持和关怀，在笔者创刊《水科学进展》期间，从办刊宗旨到刊物风格、从刊物定名到如何办理各项申办手续，他都给予了悉心的指导。编委会在北京成立那天适逢谢老出席全国政协会议，他顾不得上午会议的疲劳，赶来和编委们共进午餐、共商办刊大计。谢老与广大水文工作者有着深厚的感情，"文化大革命"期间，他刚出牛棚不久，就风尘仆仆地赶到三门峡工地，看望下放在那里的原水文所的同志们，鼓励大家要经受住挫折，要看到前途，珍惜光阴。直至谢老病危期间，他还经常惦记着水文战线上的同志们。

1993年1月2日，谢老永远离开了我们。他把毕生奉献给了中国水文和水利事业，在中国水文和水利的历史长卷中，将记载下他的功绩。

谢老永远活在我们心中。

致谢：参阅了《谢家泽文集》(谢家泽文集编委会，中国科学技术出版社，北京，1995年)，并选用其中部分照片。

▼ **纪念谢家泽教授**

1. 1936 年与留德同学在柏林，自右起依次为谢家泽、孙德和、夏坚白、徐士高、严恺
2. 率团参加中苏黑龙江流域水文会议（左二）
3. 考察贵州岩溶水文，黄果树瀑布前
4. 1957 年与陈道弘在列宁格勒（现圣彼得堡）勒涅瓦河畔

5. 在云南作学术报告
6. 1974 年全家合影
7. 1989 年与亲戚在一起，自右依次起为王文娟、孙以芳、谢家泽、孙道临
8. 1989 年与家人尽兴湖舟

纪念严恺院士

　　我第一次见到严恺院士是在华东水利学院1957年秋季开学典礼上，那时他还在不惑之年，挺拔、精神、干练。1999年1月9日，严恺院士送给我一本由他签名的《严恺传》(刘小湄、吴新华著，河海大学出版社，南京，1991)，我用一整天读完，于是一幅斑斓画卷在我脑海中铺陈开来：邃密群科的严复本家，仗剑欧美的学者风采，科学救国的拳拳抱负，治理河海的卓著贡献，百年树人的辛勤园丁，堪称水利人的光辉榜样，使我更增添了对他的深深敬佩。

　　严恺院士是我国著名的海港工程专家、水利学家、水利教育家。

　　严恺祖籍福建闽侯县，1912年8月10日出生于天津。1933年毕业于交通大学唐山工学院土木系。1935年由时任中央研究院院长蔡元培先生选送公费赴荷兰德尔夫特大学攻读土木水利专业，1938年毕业，获荷兰土木工程师学位，当年回国。1938~1939年任云南省农田水利贷款委员会工程师，1940~1943年在重庆受聘为中央大学水利系教授，1943~1945年先后任黄河水利委员会简任技正兼设计组主任、宁夏工程总队长、研究室主任，并于1946年兼任河南大学水利系教授、系主任，1948~1951年受聘于交通大学任水利系教授。1952年8月参与主持华东水利学院筹建，任华东水利学院建校委员会副主任委员、教授、副院长，1958年由国务院任命为华东水利学院院长，1985年华东水利学院恢复原校名河海大学，严恺任名誉校长。严恺在1952~1985年长达30余年主持华东水利学院建校和发展期间，还先后兼任江苏省水利厅厅长(1955年)、水利部交通部南京水利科学研究所所长(1956年)。水利部南京水文研究所所长(1977年)等职。1955年当选为中国科学院学部委员(现称院士)，1995年当选为中国工程院士，1964年当选为第三届全国人民代表大会代表，1973年和1977年先后当选为中国共产党第十届、第十一届全国代表大会代表。于2006年6月7日在南京逝世，享年94岁。

　　严恺是我国著名海港专家。1951年他接受政务院任命担任塘沽新港(后改名为天津新港)建港委员会委员。塘沽新港所在的海岸为淤泥质海岸，海滩坡度小、泥沙颗粒平均粒径仅为0.005mm，潮汐和风浪作用强烈，港区淤积成为新港建设的最大难题。严恺率同事在大量调研基础上，提出分两期实现减淤的工程方案。第一期的要点是：①缩小港内水域面积，以减少进潮量，从而减少进港沙量；②堵塞北堤缺口和整修横堤口外的南北外堤，减少回淤量；③改进疏浚技术。以上3项措施可减少港口回淤量的1/4。第二期方案主要是延伸外堤，以继续减少港区淤积，确保港口长期淤积平衡。1960年8月，严恺率港口回淤研究组4人赴莫斯科就上述方案做模型试验获得成功，为天津新港后来的建港奠定了基础。我国北方海岸带多为淤泥质海岸，因此该项研究和工程实践成果，对我国后来北方港建工程有重要的开拓和指导意义。

严恺对我国河口及海岸带治理与开发做出了重大贡献。早在1948年他任教于上海交通大学期间，就受聘担任钱塘江口治理顾问，当时适逢钱塘江北岸海塘垮塌，严恺在大量实地考察测量的基础上，突破立式墙海塘的传统，设计出新型斜坡式海塘。由于斜坡式海塘分散了原由立式海塘承受的高达7000kg/m²的破坏力，取得很好的效果，并沿用至今。1963~1975年，严恺多次率队赴广州开展珠江河口治理与开发研究。他指出，每年输入河口及伶仃洋多达7000万t的泥沙和围垦是珠江三角洲洪涝加剧、伶仃洋不断变窄变浅变长，航运功能不断受损的根本原因。为此他提出了"水沙西调，保护广州，保护伶仃洋海域"的珠江口治理方略，并制定了"导沙淤积于海外，保护伶仃洋内航道水深"的实施方案，取得成功。

1960年交通部决定成立长江口治理研究小组，严恺受聘担任组长，从此他挑起了长江口整治技术负责人的重任。他率领研究团队针对长江口拦门沙、南支河道变迁频繁、北支河道萎缩致使大潮时泥沙与咸水倒灌南支等河口水沙与地貌特点，以及宝钢建设的紧迫需求，提出了首先规划南支河道"三沙"(浏河沙、扁担沙、中央沙)治理工程，并结合长三角地区城市布局和工农业发展前景，提出了具有长远战略意义的长三角综合治理规划方案。

1980~1985年，严恺作为全国海岸带及海涂资源综合调查技术组组长，主持制定调查大纲、技术路线、实施方案，并亲自编制《全国海岸带及海涂资源调查报告》，该项成果获得了国家科技进步奖一等奖。

严老凝聚了他40余年从事海港建设、河口与海岸带治理的经验，撰写了多篇重要学术论文，如《潮汐问题》(《华东水利》，1951年1卷1期)、《天津新港回淤问题》(《新港回淤研究》，1963年，第1期)、《中国海岸与河口的泥沙问题》(《第三届河流泥沙学术讨论会论文集》，1986)、《中国海岸与港口工程》(《第二届河流泥沙学术讨论会论文集》)、《淤泥质海岸与河口的若干泥沙问题》(《第四届河流泥沙学术讨论会论文集》)、《长江口治理研究》(《荷兰第二十二届国际海岸工程会议论文集》)。1991年主编出版《中国海岸工程》、《海岸动力学》、《海岸动力地貌学》等。这些论文和专著对我国海港建设与河口治理有重要指导意义。

严恺在新中国成立前就主持和参与了多项重要水利工程设计和建设。1943~1946年他担任黄河水利委员会简任技正和设计组组长期间，主持了宝鸡峡水电站设计和渭河治理与宁夏灌区规划。

1973年严恺担任长江葛洲坝水利枢纽(当时称330工程)技术委员会顾问。在此期间，他提出了未来12年水利工程建设必须抓紧进行的重大科研课题：①高水头水利枢纽工程地质问题和地基处理技术研究；②高坝坝型和计算方法研究；③高水头水利枢纽泄水建筑物研究；④大型高水头水电站建设中的关键问题研究，其中包括坝内式厂房和地下式厂房设计问题、巨型水轮机设计制造技术、高含沙水流中水轮机抗磨技术、高坝通航问题等。

严恺是长江三峡工程的积极支持者。1986年国务院要求原水利电力部组织各方面专家在深入研究和广泛征求意见的基础上，重新提出三峡工程的可行性论证报告。严恺受命担任泥沙专家组顾问和生态环境专家组副组长。在《长江三峡工程可行性论证报告》已完成并准备报送国务院的会议上，严恺呼吁道："我认为三峡工程的前期工作已做到了这样的深度，在许多方面已远远超过了可行性研究阶段的要求，应当可以做出决策了。"

严恺对中国南水北调工程给予了极大的关注。1993年初秋的一天，严老把我叫到他的办公室，询问南水北调工程情况。我汇报说："按原计划东线工程建设的前期工作已基本就绪，但不久前水利部主要领导突然决定改上中线，并已在10月3日《中国水利报》和11月4日中央人民广播电台报导。水利界有许多专家对此不解，南水北调办公室主任姚榜义先生在大会上直言反对，并说：历史将会作出结论。"严老接着追问了许多问题。次日，严老再次把我叫到他家里，指出："中线还有许多问题没有搞清楚，不宜仓促上马，应继续做深入的可行性论证。"并叫我立即为他起草给中央的信。1993年11月10日，此信请钱正英副主席转呈江泽民主席和李鹏总理。后来还叫我就信中提出的6个问题撰文，由他和我署名在1994年6月13日的《中国科学报》上发表。

1999年初，严老对我说："中国科学院要出一套院士科普丛书，我想以中国南水北调为选题，让青年学生和更多国人了解这项伟大的工程。"他接着指出："这本书既要是科普的，又要把专业知识写到位，满足不同层次读者的要求。"并叫我在3~4个月内写出书稿给他审定。当我如期把由中国科学院院长路甬祥院士和全国政协副主席钱正英院士作序，浙江科技出版社出版的《中国南水北调》送到了严老面前时，他翻阅着，露出满意的微笑，说："这也是对中国南水北调的贡献。"这几件事让我深深感受到，严老对国家那份赤诚的责任感和直面真理的精神。

严恺是我国著名水利教育家。在从1940年受聘于中央大学水利系教授到1985年担任河海大学名誉校长的45年里，严恺始终把兴办中国高等水利教育、培养中国水利人才作为己任。1952年严恺受命从上海交通大学到南京，组建新中国第一所水利高等学校——华东水利学院。其实他当时是不赞成办单科性水利学院的，他认为开设的课程过分单一会造成只懂专业，知识面过窄的弊端。但当国家把建校的重担压在他肩上时，他责无旁贷，义无反顾的全身心投入到建校的艰苦创业中。从《华东水利学院建校委员会第一次会议记录》这份珍贵的校史资料里，可以窥见学校初创时的艰辛。

会 议 记 录

地　　点：华东水利部办公室

时　　间：一九五二年八月八日

出席者：徐芝纶(交大)　　　严恺(副主任委员)　　　郑肇经(同济)

　　　　徐傅均(教育部)　　　梁永康(浙大)　　　　刘晓群(水专)

　　　　裴海萍(南京文委)　　张书农(南大)　　　　刘宠光(主任委员)

　　主　席：严恺报告华东水利学院建校委员会成立经过。略谓本会系奉华东院系调整委员会之命组织成立。以刘宠光为主任委员，严恺为副主任委员。下设办公室负责具体工作，办公室由教育部指定裴海萍、张书农、刘晓群三位同志负责，关于今后具体工作请大家讨论。

一、关于办公室如何充实组织分工进行工作问题：

办公室下暂分师资员工调配组、图书仪器设备组、校舍组、秘书组四组。

二、关于建校时期办公室地址问题：拟设于南京大学。

三、目前中心工作问题：(一)系科划分、(二)师资调配、(三)图书仪器设备、(四)校舍。

现有师资情况：

校　别	教授	副教授	讲师	助教	备　考
交通大学	5	0	3	6	
南京大学	4	1	1	4	
华东水专	3	3	3	0	内有助教一人现在哈尔滨学习
同济大学	2	0	0	4	同　　上
浙江大学	2	1	13		
合　计	16	5	20	14	

校舍问题：

(1)办公室及实验室在南大配备240英方，勉强可以用。

(2)校舍由三校统一调用。

(3)宿舍以全部设在南大为原则，如南京工学院人数由原计划招生2100人，现为1800人，尚余300人宿舍，请拨给水利学院，即可解决本院950人的宿舍问题。否则即租赁民房或搭建临时宿舍。

　　严恺的办学思想集中体现在他于1982年华东水利学院建校30周年之际所题写的"艰苦朴素、实事求是、严格要求、勇于探索"这十六字校训中。这是他几十年治学经验的总结，也是他一生的座右铭。现在这一校训正在一辈一辈河海人中传承。

　　亲切关怀、严格要求，是我作为学生对严老的最质朴感受。1962年6月我从华东水利学院毕业，严院长亲切为我们题词"希望同学们在新的工作岗位努力工作，刻苦钻研，积极进取，不断提高思想政治水平和业务水平，出色完成各项任务。"那时虽然还没有走出"三年困难时期"，严院长仍然设法为我们举办并亲自参加了毕业聚餐会。1977年秋我在北京大学地球物理系气象专业进修，适逢严老在北京参加科学院会议，我去拜望他时，他问起我在三门峡水库工地劳动的情况，并对我说："钱部长要我在南京筹建南京水文研究所，你还是回南京来工作吧。"1978年我从三门峡调入南京水文研究所工作时，当时的人事秘书阮瑞年同志还给我看了严院长叫她调我来水文所的信，严老的细心关怀，令我十分感动。

1980年我参加了水利部在南京举办的出国人员英语培训班学习。严院长在开班典礼上对我们说："学外语就两条：一不要命，二不要脸。不要命就是吃得苦，抓住分分秒秒；不要脸就是敢于开口，不怕丢面子。"由此我才悟到严老为何能掌握英、荷、法、德、俄五种语言。

从2002年起，严老经常叫我到他办公室帮他处理一些水利系统和两院(中国科学院、中国工程院)的材料与信函等。每次向他汇报处理情况时，他都要一件一件的详细询问，后来还要我做出书面记录。当时严老已年近九旬，依然保持如此认真、仔细、严谨的工作作风，深深令我敬佩。正如钱正英院士所说："他姓严，确实是严字当头，严于律己，严于治校。他身体力行地实践'十六字'(即十六字校训)，一丝不苟地求学问，一丝不苟地工作，一丝不苟地做人，几十年如一日。他不仅为河海大学，也为水利界树立了一个光辉榜样。"

严恺院士对中国水利教育事业、对中国海港和水利建设以及对推动国际水利科技交流做出了杰出贡献，赢得了国内外的广泛敬重。

1976年他被推选为国际大坝委员会中国委员会主席，1979年被推举为联合国教科文组织国际水文计划(UNESC/IHP)副主席兼中国委员会主席。1981年先后担任中国水利学会理事长、名誉理事长。1983年和1985年先后被推举为华东水利学院名誉院长和河海大学名誉校长。1986年在荷兰王国"三角洲工程"东斯赫尔特防风暴潮大闸落成典礼上，大闸的巨型闸墩之一被命名为严恺墩，这些巨型闸墩都是以世界著名科学家的名字命名的。1992年因其对全国滩岸带及海涂调查的突出贡献，获国家科技进步奖一等奖，1997年获得何梁何利奖。他的名字和贡献被收录在《中国大百科全书·海洋卷》、《中国大百科全书·水利卷》、《中国科技专家传略》、《中国当代科技精英录》等文献中。河海大学于2005年在校园山坡上竖立了严恺院士的半身铜像，老校长欣慰的俯瞰着美丽的校园，深情地激励着莘莘学子。每当我从半身塑像前路过，就仿佛校长依旧在我们身边。

致谢：参阅了刘小湄、吴新华著《严恺传》(河海大学出版社，南京，1991)；部分照片取自河海大学严恺纪念馆。

江河之子

▼ 纪念严恺院士

1. 1938 年于荷兰代尔夫特（Delft）科
   技大学毕业时留影
2. 1940 年在成都与陈芳芷结为伉俪
3. 1977 年在南京水科院讨论长江口
   治理方案
4. 1965 年全家合影

▼ 纪念严恺院士

5. 1987 年在德国出席德中双边会议部分代
   表合影（右四）
6. 1983 年主持中国水利学会常务理事会议
7. 1986 年与荷兰公共工程及运输部长
   Smit-Kroes 女士交谈
8. 1987 年在西安校友会上题写河海大学
   十六字校训

纪念陈道弘先生[*]

陈道弘先生是我国著名水文学家。

1915年9月13日生于江苏省阜宁县。1939年毕业于国立中央大学土木系。他是新中国水文测验事业奠基者之一。1939~1948年先后任扬子江水利委员会副总工程师、南京水利委员会技士、国民政府水利部水文司水文科科长。1949年起，参加新中国水利建设，历任华东军政委员会水利部勘测处副处长，水利部、水利电力部水文局水文测验处副处长、处长，葛洲坝工程局工程师，水利电力部治淮委员会防汛办公室主任工程师、副主任，水利部水文局副总工程师、总工程师。陈道弘先生还曾担任中国水利学会水文专业委员会副主任，中国气象、水文、海洋仪器学会首任理事长，并长期担任《水文》杂志主编。

1949年以前，陈道弘先生就主持当时全国水文测验工作。新中国刚成立时，陈老协助人民政府接收国民政府留下的353处水文站，组织整编新中国成立前的水文资料。1951~1952年先后主持沂沭泗河汛期水文测验和钱塘江潮汐测验，这些工作在当时防洪抗旱和江河治理中发挥了重要作用。陈道弘先生于1953年初调入中央水利部水文局后，与周丰超、黄伟纶等同志积极组织和推动全国水文站网建设，为编制全国水文站网规划做出了重要贡献。1954年秋，为统一全国水文测验技术标准，陈总主持起草《水文测验规范》，并于1955年10月由水利部正式颁布，这是新中国第一部水文测验技术标准。从1959年起，陈总又多次主持《水文测验规范》修订，分卷出版，为我国水文测验技术标准的制定做出了卓越的贡献。

陈道弘先生对我国水文事业体制的确立有着重要贡献。1957年4月，他与谢家泽、陈家琦一行3人受水利部委派，赴苏联考察水文体制与水文管理，历时3个月。回国后在《赴苏考察报告》中建议："中国水旱灾害甚于苏联，而防汛抗旱任务主要由各级水利部门负责，它们离不开水文，故中国水文事业宜由水利部门统一管理。"由于这一建议，使当时水文、气象机构合、分之争议遂寝，从而形成了现在的中国水文管理体制。

陈道弘先生为我国水文科学事业发展和水文知识的系统整理倾注了大量的心血，做出了重要贡献。他作为主要执笔人，先后参加起草我国《1956~1967年国家科学技术发展规划》和《1963~1972年国家科学技术发展规划(草案)》中的水文部分，这两项规划成为我国很长一段时期内水文科技发展的指导性文件。他先后赴苏联、美国等国考察，

* 本文原载《水科学进展》. 2003, 14 (1).

编译了《国外水库失事及预防》、《国外设计洪水问题》、《一些国家水库设计洪水及标准》、《国外病险水库处理》、《国外水文测验》、《国外泥沙问题》、《国外超声波测流》等大量国外水文科学技术文献专辑。他作为副主编，参与主持《中国大百科全书·大气科学·海洋科学·水文科学》、《中国农业百科全书·水利》和《中国水利百科全书》的编纂。陈道弘先生对我国水文学发展史进行了系统、深入的研究。他和黄伟纶、胡煦华先生合作，为《中国大百科全书·大气科学·海洋科学·水文科学》撰写了重点条目《水文科学发展史》和《水文科学大事年表》。陈老从1990年着手主持编纂《中国水文志》，历经7年，终于1997年出版，并获得国家新闻出版署1999年颁发的"全国优秀科技图书奖"，为我国水文学史研究做出了重大的贡献。

陈道弘先生治学严谨。他在担任《水文》杂志主编期间，对每一期拟发表的每篇论文都亲自审读。在编纂《中国大百科全书·大气科学·海洋科学·水文科学》时，他对由他负责审读的每一个条目的科学事实、修辞乃至标点符号都要反复核查和斟酌。他事必躬亲，在担任水利部水文局副总工程师和总工程师期间，凡他主持的报告文稿、总结材料、业务文件，都亲自撰稿。在主持编撰《中国水文志》的7年间，他虽已是75~82岁高龄，然而无论是收集志书资料、查阅文献、拟定体例、篇章安排、内容协调、文字修改等都亲自动手。陈老谦虚谨慎，作风朴实，为人诚恳，对青年同志奖掖有加。正如中国近代水文事业的奠基者水利部水文局第一任局长谢家泽先生所说："陈道弘一生兢兢业业，勤勤恳恳，任劳任怨，实在难得啊！"

我有幸在陈道弘先生指导下参加《中国大百科全书·大气科学·海洋科学·水文科学》和《中国水文志》编纂工作，在他面前我就像一个小学生在老师面前那样，不仅敬仰他的学识，而且深深感受到他的爱护。在北京出差的日子里，我总要挤出一些时间去拜望他老人家，每年元旦，我总能收到陈老给我寄来的新年贺卡。陈老离开我们已经整一年了，然而，他那高大的身影和慈祥的笑容，一直深深地印在我们的心中，我们永远怀念他。

致谢：黄伟纶先生、叶永毅先生、王锦生总工、王厥谋司长提供资料，黄伟纶审读了全文，陈道弘之子陈信华先生、水利部水文局章四龙教高提供照片。

▼　纪念陈道弘先生

1. 新婚燕尔
2. 1957 年赴苏联考察水文体制，自右起：谢家泽、
   A.A. 索科洛夫、陈道弘、陈家琦
3. 1981 年访问美国地质调查局和陆军工程师团
   （左一）
4. 1985 年在北戴河编撰《中国大百科全书·水
   文科学》（前排左二）

▼ <u>纪念陈道弘先生</u>

5. 1995 年主持《中国水文志》审定会 (前排左三)

6. 全家合影

7. 1995 年庆贺 80 大寿

纪念詹道江教授*

2012年6月15日是中国著名水文学家、水文教育家詹道江教授逝世一周年纪念日，先生慈祥的笑容、矍铄的风采跃然眼前，心中涌起深深的怀念。

詹道江教授1917年5月出生于湖北省红安县，1943年7月毕业于中央大学，1943~1952年先后任教于上海大学和上海交通大学。1952年全国高等学校实施院系调整，是年9月詹先生奉调南京参加筹建华东水利学院，此后一直在华东水利学院(现河海大学)任教，直至逝世。在60多年的峥嵘岁月里，詹道江教授为中国水利高等教育事业奉献了毕生的精力。

詹道江教授是中国水文教育的开拓者。早在1953年，他就主持编写了中国第一部《工程水文学》教材，从此确立了该学科教材的主体内容、章节结构、实习范例。在后来的半个多世纪里，詹先生根据水工程规划设计中的新情况和新要求，不断充实和革新教材内容，由他主编的《工程水文学》至今已再版4次，重印达19次，发行量10万余册，并有英文简本，被确立为全国高等学校水利学科专业的规范核心课程教材和国家级规划教材，2011年被评为江苏省高等学校精品教材，并获国家优秀图书奖。詹先生讲授《工程水文学》达40余年，桃李满天下，学生们不仅把先生的学识，也把先生对水文教育事业的赤诚与贡献播撒到了祖国的江河湖海。

詹道江教授是中国应用可能最大暴雨与可能最大洪水(PMP/PMF)概念与方法推求设计洪水的创导者和开拓者。早在1958年，詹先生就和刘光文教授一道，探索用PMP/PMF推求长江三峡工程设计洪水。1974年，詹先生翻译了世界气象组织(WMO)于1973年编写的《可能最大降水估算手册》，把当时国外PMP/PMF理论与方法系统地介绍到中国。1975年8月淮河支流洪汝河发生特大暴雨，导致板桥、石漫滩等大中型水库垮坝，詹先生根据水利部的要求，于1975年秋在华东水利学院举办首届"全国可能最大降水研讨班"，为中国培养了第一批从事PMP/PMF研究与设计的专业人才。1976年，詹先生提出并组织编制了"淮河流域可能最大降水等值线图"，是中国最早编制的PMP图册。随后他率领科研团队开展了长江三峡工程、黄河小浪底工程、沅江五强溪水电站等大型水利水电工程PMP/PMF研究。在总结上述研究成果的基础上，他与南京大学大气科学学院邹进上教授合作撰写了《可能最大暴雨与洪水》(水利水电出版社，北京，

---

* 本文原载《水科学进展》. 2012，23(3).

1983)，这是中国第一部PMP/PMF专著。在詹先生的积极推动下，应用可能最大暴雨与可能最大洪水推求设计洪水的新途径与新方法，已经写入中国《水利水电工程设计洪水计算规范》。

詹道江教授是中国应用古洪水信息推求设计洪水的创导者和开拓者。由于实测水文系列短，水文频率曲线外延一直是困扰设计洪水计算的难题，詹先生提出了从全新世平流沉积物中发掘古洪水信息，并用以改善洪水频率曲线外延困境的新思路。他借鉴了国外关于古洪水研究的方法，带领科研团队并联合南京师范大学李立文教授、南京大学杨大源教授和广西大学徐润滋教授等，通过大量野外考察和实验室同位素C^{14}测年分析，于1984年首次获得了淮河支流西淝河响洪甸水库距今2500~5000年一遇的古洪水洪峰流量估计值，使洪水频率曲线获得显著改善。随后又推求了长江宜昌河段、黄河三门峡—花园口河段、海河岗南、平山、黄壁河段距今2000~5000年的古洪水，并对位于这些河段的水库设计洪水进行了校核。古洪水研究为解决洪水频率曲线外延难题开辟了新途径，有效提高了设计洪水的安全性。在总结上述实践的基础上，詹道江教授和谢悦波教授合作撰写了中国第一部《古洪水研究》专著(詹道江、谢悦波，中国水利水电出版社，2001)。用古洪水信息外延洪水频率曲线的方法也被写入《水利水电工程设计洪水计算规范》，并获得电力部科技进步奖。

我虽早已认识詹道江先生，但直到1975年秋我到华东水利学院参加詹道江先生举办的PMP/PMF研讨班，并协助吴和庚教授讲授《动力气象学》课程时，才与詹先生熟悉起来。后来詹先生叫我协助他辅导研究生，经常参加他主持的PMP/PMF和古洪水科研的讨论与成果评议等。再后来，谈话的内容就更加宽泛了，詹先生诙谐地称他自己与我和南京大学邹进上教授是"三家村"。詹先生总是那么平易、谦和、在乎他人的感受。他既是良师，也是益友。在科学研究中，詹先生的睿智和执著深深令我敬佩。他敏锐地察觉到PMP/PMF和古洪水概念对推求设计洪水的意义，并锲而不舍地开拓了推求稀遇设计洪水的新途径。他在80岁时还亲赴长江三峡、滹沱河现场进行古洪水考察，在90岁时还向水利部和长江水利委员会提出开展PMP/PMF研究的项目建议书，直到在病床上也念念不忘，体现了一位老科学家对事业的执著和崇高精神。

"一生师表德望在，光辉竹帛永流芳"。告别仪式上的这巨幅挽联把詹道江教授的科学精神与风范永远铭刻在我们心间。

致谢：詹道江教授的女儿詹臻教授、学生谢悦波教授、李致家教授提供部分资料和照片，并审读全文。

▼ 纪念詹道江教授

1. 年轻时的詹道江与夫人詹怀容
2. 在国际学术交流会上（前排左五）

▼ **纪念詹道江教授**

3. 与美国天气局同行讨论可能最大暴雨 (PMP) 计算方法（左二）
4. 在古洪水讨论会上
5. 1997 年在家中接待美籍华人、世界城市水文学会主席颜本琦教授夫妇（前排左一）
6. 在长江三峡河段考察古洪水

纪念周恩济教授*

　　光阴荏苒，周恩济教授离开我们一年了。我们深深地怀念他。

　　周恩济教授于1917年9月1日出生于浙江省杭州市。1941年毕业于浙江大学史地系气象科，随后考入浙江大学研究院地学部，师从著名气象学家涂长望先生，于1943年获硕士学位。毕业后曾任重庆北碚国立复旦大学讲师，1945~1949年7月先后任中国航空公司气象员、气象台台长等职，1949年8月~1951年2月任香港皇家天文台助理科学官，从事航空气象预报工作。在此期间，周先生为香港中国航空公司和中央航空公司的17架起义飞机飞回祖国大陆提供了正确的气象保障，为创建新中国民航事业立下了功劳。周先生于1947年和1951年先后成为美国气象学会会员和英国皇家气象学会会员。1951年2月，周先生应其导师、时任中央军事委员会气象局局长涂长望先生邀请，放弃了在香港优厚的生活条件，毅然回到北京。在北京期间，他曾在中国科学院地理研究所、地球物理研究所、中央军委气象局从事英文和俄文翻译工作，并参与中国科学院主持的《气象学名词》编审。1952年到天津大学任教，1955年应其中学同窗严恺先生邀请，到华东水利学院(现河海大学)任教，直至走完他的人生历程。

　　周先生为开创中国水文气象高等教育和科研事业，做出了卓越的贡献。20世纪50年代，他为中国水文专业撰写了第一批水文气象学全国高等学校统一教材，此后长期主讲气象学、气候学、天气学、中国气候、气象预报、农业气象等课程。此外，他亲自编写讲义并主讲地质学与地貌学、水文地理学、水文测验学等课程。他于20世纪50年代翻译出版的前苏联水文学家奥基耶夫斯基的专著《陆地水文学》，填补了中国高等学校当时急需陆地水文学教材的空白，对建立中国陆地水文学教材体系发挥了重要作用。1981年，周先生创建了中国第一个水文气候学(Hydroclimatology)硕士点，为中国培养了第一批从事水文气候学研究的人才，这些同学现在都已在国内外全球气候变化等研究领域做出了出色的成绩。周先生讲课概念清晰、重点突出、条理分明、深入浅出，受到学生的普遍欢迎和同事们的钦佩。周先生对学生满怀深情，学生们从不同国家回来看望他，是他最高兴的事情，他常说："我最大的快乐，就是不断得知弟子们从不同国度传来的成功喜讯。"周先生带领他的团队长期从事长江上游洪涝与干旱长期预报研究。他基于气候系统内部各个组成部分之间的相互关系及气候系统外部的强迫作

　　* 本文原载《水科学进展》. 2011，22(4).

用，研究了长江上游旱涝与南极海冰、北极海冰、印度洋海温、赤道东太平洋海温及厄尔尼诺(El Niño)、北大西洋海温、青藏高原积雪等物理气候因子之间的关系和作用机制，取得了系统且有重要科学价值的成果，他的这一学术思想对中国水文气候学科学思想的形成和发展做出了开拓性的贡献。

　　以周先生深厚的学术修养和卓越的研究才干，他本可以为水文气象科学做出更加重大的贡献。然而，1958年，厄运突然降临到周先生身上，他被错定为"历史反革命分子"，直到1980年才得以彻底平反。20余年间，他被迫在水文系边工作、边接受"监督改造"，承受了巨大的精神和身体折磨。可是周先生在逆境中依然坚持教学和科研工作，在学校不允许学生称呼他老师而直呼其名、上课时无需起立敬礼的情况下，他仍把课程讲得有声有色；在不能在教材和论文署名的情况下，他默默无闻地以水文系或其他人的名义，编写和编译了大量讲义与教材；在金湖农场种地养猪的日子里，他与刘光文先生精心编纂了收词达42 000余条的《英汉水文学词典》。平反以后，有同志谈起他在香港的事业与生活，周先生却说："回来这条路我是走对了，我至今不悔。"何等令人敬佩的赤子情怀！

　　我第一次见到周先生是1957年秋天，但真正熟悉起来还是在1984年以后。从1984年起，周先生每年都有研究生毕业，我几乎每年受聘参加他学生的毕业论文答辩，连续10余年。综观周先生所有学生的毕业论文选题，构成了一个在科学内容上紧密联系的整体，反映了先生的水文气候学思想，我不禁深深钦佩他学术观点之鲜明、学术思维之严谨和极富前瞻性的科学眼光。周先生的一桩心愿，是要我协助他把他的学术思想和科研成果撰写成一本《水文气候学》，并且已拟就了章节，可是最终未能如愿，成为我心中一份难以释怀的愧疚。2000年我着手翻译K.A.Bisswas著的《水文学史》，过程中遇到许多关于宗教、人物、历史背景难题以及许多晦涩难懂的英语表述，凡请教周先生，他总能热情地为我指点，甚至帮助翻译一些节目和段落，令我深深敬佩他渊博的学识和精深的英语功力。

　　周先生喜欢养花。他80岁生日那天，把最喜欢的那盆长着蕨类植物的山石盆景送给了我。说得准确些，这盆景是我割先生之爱，硬讨来的，因为它在先生的书桌上靠窗的那一角，静静地陪伴先生多年了。这盆景我不仅喜爱，而且有一种敬重的感情。你瞧那山石的缝隙间，长出数十根松针般纤细的枝条来，根根向前伸展，足有半米远。沿着枝条长满了绿叶，每片叶瓣都像一个微缩了的银杏树叶，层层叠叠，把鲜嫩的枝条压得沉甸甸的。这绿叶终年绿茵茵的，尤其当窗外寒风凛冽、草木萧条的时节，她仍为你案前留驻一缕绿色，送来清新和温馨。而养护这一丛植株，实在是再简单不过了，只需常注些清水，无需施肥，她不争阳光，即使疏忽而使山石干旱了几日，也毫无怨言，坚持着默默为你奉献绿色。我至今不知这种植物的学名或俗名，只听周先生说是一种古老的蕨类植物，原生于深山野岭间。其实，何必定要张姓扬名呢？让人敬重的是她的精神和品格。我想，这精神和品格固然得益于山野的晨雾和晚霜，怕也是潜移默化，受了先生的多年熏陶。

致谢：参阅了《祝贺周恩济教授八十诞辰文集》(南京，1997年)；周先生的女儿周小云提供部分照片。

▼　纪念周恩济教授

1. 在研究生答辩会上，左起依次是周恩济、彭公炳、范中秀等
2. 信步南京夫子庙
3. 和夫人郑流云、女儿周小云合影

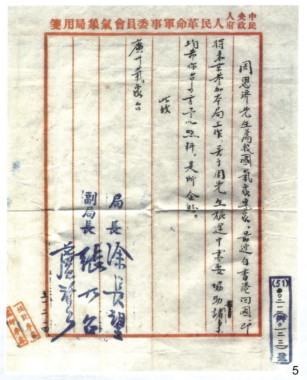

▼ 纪念周恩济教授

4. 在简陋书房里编纂了收词达 42000 余条
   的《英汉水文学词典》和撰写了近百万
   字的讲义和论文

5. 中央军委气象局邀请周恩济回国工作的
   信函

6. 在家中庆贺八十诞辰

纪念姚榜义先生*

姚榜义是我国著名水利专家，1919年2月10日出生于江苏省武进县。

1937年姚榜义在南京考入中央大学土木工程系，由于抗日战争爆发，中央大学内迁重庆，几经辗转才于1938年9月抵达重庆，作为1938年新生入学，1939年夏转入水利系，于1942年毕业。毕业后至新中国成立前，先后在导淮委员会篆江水道工程局任助理工程师(1942年)，资源委员会西宁水力发电厂工程处任助理工程师(1943~1944年)，全国水力发电工程总处任副总工程师(1945~1947年)，水利部设计测量队任副总工程师(1947~1948年)。

新中国成立后，1949~1952年在华东军政委员会下设的华东农林水利部(1950年改名为华东水利部)任工程师，1952~1957年任治淮委员会工程师兼设计室主任、副总工程师。1958年奉调北京水利部，先后任水利电力部规划局副局长(1959~1970年)、水利部规划设计总院副总工程师、副院长(1971~1978年)，1979年调任水利部南水北调规划办公室主任，直至1990年退休。期间还曾兼任过国务院农村发展研究中心研究员、中国水利学会第4、5届理事、环境水利研究会第1~3届主任，《中国水利百科全书》水利规划分支主编。

姚榜义是我国著名水利规划专家。他参与主持了海河流域规划、太湖流域规划、黄淮海平原水利规划、华北平原河网化规划、淮河流域治理规划、南水北调工程规划等多项国家重大规划的编制和实施，尤其在淮河流域规划和南水北调工程规划中做出了重大贡献。

早在20世纪50年代，姚榜义就开始了淮河沂沭泗水系治理的探索，他于20世纪70年代提出了著名的"东调南下"规划方案，即把沂河的洪水尽量东调经新沭河从山东入海，腾出南四湖库容调蓄洪水经运河南下江苏，再由入江水道入长江。这一开创性的规划思想和方案的成功实施，为缓解沂沭泗和里下河地区洪涝威胁发挥了具有战略和里程碑意义的作用。在淮河治理规划中，开辟茨淮新河和怀洪新河的规划方案，也是他最早提出来的，该两项工程是现代治淮的骨干工程，至今仍发挥重要作用。这些开创性规划方案，都堪称是江河治理规划中的经典之作。

姚榜义是中国南水北调工程规划的主要制定者之一，他亲历了南水北调规划的全

＊ 本文原载《水科学进展》. 2014，25(5).

过程。自从1952年10月和1953年3月毛泽东主席先后与当时的黄河水利委员会主任王化云和长江流域规划办公室主任林一山谈到"南方水多，北方水少，如有可能，借点水来也是可以的。"之后，南水北调就一直在酝酿中，但几经起伏，即使在1954年编制的《黄河综合利用规划技术经济报告》和1958年编制的《长江流域综合利用规划要点报告(草案)》中已经形成了西、中、东三条调水线路的设想，但皆停留在宏观概念层面。1972年华北大旱，在7月国务院召开北方十七省抗旱会议后，水电部于9月责成黄河水利委员会、淮河流域规划办公室和水电部十三工程局组成南水北调规划组，姚榜义任组长。从此，南水北调工程开始了具体规划进程，姚榜义也就此与南水北调结下不解之缘，当年他53岁。1979年12月，水利部以《(79)水规字第57号文》正式成立"南水北调规划办公室"(以下简称"南办")，姚榜义任主任，从此挑起了主持中国南水北调规划的重任。

姚榜义对西、中、东三条输水线路都非常重视，但他认为："中线水源地水量较少，新开河道进行大规模长距离流域间输水还缺乏实践经验；西线尚未找到较现实的方案，缺乏研究深度；东线情况较为清楚，没有很大风险"(《姚榜义自述》)，因此，他主张先开展东线规划的研究。在东线规划中，姚榜义就调水对长江下游河道与河口的影响、吸血虫病是否会随调水向北方传播、向北输水是否会引起受水区次生盐碱化、沿线湖泊利用与泵站设置、穿黄工程、沿线水量分配及与江苏省已建成的江水北调工程的关系、工程投入运行后的运行调度与管理等规划研究的内容，都做了深入思考和精心布置。南水北调工程不仅涉及自然与环境，更涉及复杂的社会经济关系。因此，东线的规划一直在不断完善中，到1982年底形成了"先通后畅、分步实施"的规划方案。在这一艰难过程中，凝聚了姚榜义几十年的心血与智慧。

姚榜义在主持南水北调东线规划的同时，也努力推动中线和西线规划的研究，本着实事求是的精神，把握住规划的大方向。1994年2月，姚榜义和朱承中注意到有关单位领导急于要上南水北调中线项目，甚至压低原已严重估计不足的工程投资，争取和长江三峡工程同时上马，便忧心忡忡向水利部前部长钱正英反映，指出如此规模巨大、情况复杂、研究深度尚浅的工程若仓促上马，将可能犯与黄河三门峡工程类似的决策失误。钱正英将他们的意见致信国家计委党组，得到国家领导层重视。

我是在1986年认识姚总的，是年7月陪姚总赴西藏考察与讲学。次年，南办组织水利部天津勘测设计院、淮河水利委员会和南京水文研究所进行"南水北调东线运行管理研究"，我作为该项目技术组组长，有较多机会向姚总汇报工作和聆听他的教诲。在长达十余年的共事中，姚总对中国水利事业的重大贡献、笃实敬业的精神、开朗豁达的身影，深深印在我的心中。

实事求是、从实际出发、对国家负责是姚总几十年规划工作留给我们最重要的经验。他在给中央大学老同学的信中说："无论做流域规划、南水北调规划，最好是从小到大、从易到难，在实践中不断丰富认识，因为规划过程中往往是前进了几步，就会有新的问题要解决。但常常有一些人要干就想搞个大的，能够改天换地，一劳永逸，有的领导也爱听豪言壮语。"多么平实却又多么深刻！记得在1996年一次水利部组织召开的南水北调工程论证大会上，当时主要领导宣布搁置东线，改上中线，这一突然的决策改变令水利界许多专家和领导感到困惑和茫然。当时姚总走上台说："我只讲一句话，我们的决策要经得起历史的检验。"话语铿锵有力，在那种场合这是需要勇气的，这勇气就来源于姚总对事业的高度责任感。我当时感到深深的震撼和敬佩。

调查研究，多跑现场，是姚总教给我的工作方法。记得姚总有一次给我讲他处理苏皖两省关于洪泽湖水位纠纷的故事，安徽说"江苏把洪泽湖水位蓄高超过12.5m，造成皖东南平原受涝"，江苏则予以否认。姚总把两省同志带到洪泽湖大堤旁，用脚用力蹬踩堤边的地面，数脚之后，地面浸出水来，此时，姚总说："看来你江苏确实把水位抬高了。否则怎么会踩出水来呢？"，江苏同志只好笑说："短时间蓄高的情况确实是有的。"通过这个故事，我深深钦佩姚总的经验和智慧。姚总好几次认为我对洪泽湖、骆马湖等东线沿线湖泊水位变化特点与规律分析不深刻，叫我重返现场调研，并语重心长地对我说："搞水利其实就六个字：情况明，方法对，所以一定要重视实地调研。"这六个字后来成为我工作中的座右铭。

恪尽己责、淡泊名利，是姚总为我们树立的工作和做人风范。做水利规划要经常出差各地调查研究、协调矛盾、处理纠纷，朱承中回忆说：1958年大跃进时片面推行"以蓄为主"的治水方针，造成冀、鲁、豫、皖、苏、京、津平原地区严重涝碱灾害，当时作为规划处长的姚榜义日夜奔忙于五省两市，统筹安排黄淮海平原洪涝出路。到了20世纪60年代，各地水利纠纷仍不断发生，姚榜义总是哪里有问题就立即奔向哪里，毫无怨言。由于他善于协调水利矛盾，化解纠纷，大家怀着敬意和诙谐地称他开创了一门《水利纠纷学》。繁重的工作，频繁的出差，剥夺了太多姚总照顾家人的时间。姚总夫人高老师说："我们四个孩子，其中三个孩子出生时，他都出差在外。'文革'期间知识青年下乡，老大去延安，老二去北大荒，他也无法送他们，只说了一句话：'国家960万平方公里，哪里都有人，人家能待，我们也能待，你们去就是了'。结果老大在延安一待就是7年，老二在北大荒一待就是8年，老姚不但没有时间去看望孩子，就是孩子几次回家探亲，他也几乎都不在家。"

姚总在和我们谈起家常时，总是流露出他对家人深深的爱和未能照顾家人的愧疚，他实在是太忙了。姚总为中国水利规划、为南水北调可谓殚精竭虑，然而当采访他的记者问他："您为南水北调辛勤工作了几十年，如今工程已在积极进行中，您有何感想？"姚总只是淡淡地回答说："每个工程都不是少数人干成的，领导叫我干这工作，我就尽力做好而已。"何等朴实、何等谦逊！

姚总平易近人，开朗豁达。在他身边，总能听到洋溢着智慧的幽默，感受无拘无束的快乐。记得1999年秋，姚总来南京水文所调研，适逢他在中央大学时的同学叶永毅、詹道江也在南京，水文所领导要设宴招待。姚总却说："不必花那个钱了，到哪个家里吃顿派饭蛮好的嘛！"于是我和汪德宇同志去买了金秋的大闸蟹和一只"叫花鸡"，两瓶红酒和一些熟菜，就在住宅楼的一间空房里开宴了。看着姚总孩童般的笑容和大家的欢喜，我心里深深感动和敬佩，他们可都是年近八旬的著名水利专家呀！

逝者如斯，往事如泉水般从心底里流淌出来，化作怀念，化作感动。正如钱正英和朱承中同志纪念姚榜义先生的文章《淡泊名利，榜义江河》(《中国水利报》，2012年3168期)中所说："他恪尽己责，不求回报。他的一生可说是清淡似水，但他的业绩永远融入祖国的江河。"

致谢：姚榜义先生的女儿姚沂、同事韩亦方教高提供材料和照片，并审读全文。

▼ 纪念姚榜义先生

1. 大学时代的姚榜义
2. 在办公室
3. 在 CCTV 摄影棚接受纪录片《大国水脉》的采访

▼ 纪念姚榜义先生

4. 1988 年考察南水北调东线穿黄探
   洞，右起依次为姚榜义、钱正英、
   朱承中
5. 1986 年赴西藏讲学
6. 全家福

纪念黄胜先生[*]

黄胜是我国著名潮汐河口治理专家。

黄胜先生于1919年3月出生于江苏省海门县，1942年毕业于前中央大学水利工程系。1942~1948年在导淮委员会綦江工程局、中央水利实验处和江西赣江水利设计委员会工作，任技士、副工程师等职。新中国成立后任南京水利实验处工程师，1956年以后一直在南京水利科学研究所(后更名为南京水利科学研究院)工作。曾担任副所长、水利部技术委员会委员、中国泥沙专业委员会副主任、中国海洋工程学会副理事长、中国海岸工程专业委员会主任、中国港口工程学会副理事长等学术职务。

黄胜先生长期从事我国港口和潮汐河口治理实验研究。他曾经负责过钱塘江口、鸭绿江口、珠江口和长江口的试验研究，对射阳河口、甬江口、瓯江口、黄浦江口和辽河口等河口也进行过深入研究。他通过对钱塘江河口的研究，揭示了强潮河口演变规律，提出了有独到见解的束窄钱塘江河道的河势规划。在长江口通海航道治理研究中，他根据河口水位和流速随时间作周期变化的规律，提出了在分汊水道中设置潜坝(坝顶淹没在低潮位以下)调节水位以控制汊道流量分配的方案，通过试验取得显著效果。他提出的"潮汐河口模型设计"和"潮汐河口水流特性及试验研究方法"，对开展河港试验研究起到了指导和推动作用。他是我国河口分类研究的先驱者，1986年在第3次河流泥沙国际会议上发表的《中国河口的类型及其特征》得到了国际同行的好评。黄胜教授勤于思考、善于总结，他生前发表论文40余篇，他主编的《中国河口治理》一书，系统地总结了闽江口、瓯江口、辽河口等15个有通航价值的河口的水文、泥沙、河床演变的规律和治理的经验与教训。1993年6月，他抱病完成了集毕生研究精华的专著《河口动力学》，内容涉及潮汐、波浪、河口黏性细颗粒泥沙运动及河口河床演变等，是年冬他便离开了我们，这是他最后留给我们的极为宝贵的财富。

黄胜先生治学勤奋、严谨，少言多思，为人谦和。记得1975~1978年我和黄先生一起编纂《中国大百科全书·水文科学》的时候，他负责写"河口水流"、"河口泥沙运动"和"河口治理"等重要条目，虽然每个条目修改达五六遍之多，但他从无怨言，而且总是按时交稿，图文清晰工整，科学内容坚实，深令编辑们敬佩。

黄胜先生是我国恢复研究生制度后的首批博士研究生导师。他教育研究生们说："成

　　* 本文原载《水科学进展》.1999，(1).

才唯一的一条路就是勤奋，一勤天下无难事。"他特别告诫研究生们要下苦工夫打好基础，他说："本固枝荣"，根基打牢固了，枝叶才能生长繁茂。他以自己丰富而深厚的学识和勤奋严谨的学风培养了一批优秀的河口研究和治理人才。

　　黄胜教授离开我们5年了，我们深深地怀念他。在大江南北的各个河口，我们似乎仍然能看得见他辛勤工作的身影。

致谢：南京水利科学研究院党办卢俊主任、人事处陈天荣副处长等提供资料和照片。

江河之子

▼　纪念黄胜先生

1. 1979 年在南京水科所
2. 作学术报告
3. 担任南京水科所副所长期间主持会议
　（右三）

▼　纪念黄胜先生

4. 南京水科所老专家合影（右一）
5. 1983年与大学同班同学游中山陵，右一为黄胜，
　　左一为吴明远

纪念施雅风院士*

　　2012年2月13日是著名地理学家、冰川学家施雅风院士逝世一周年纪念日。我又一次翻开《施雅风口述自传》(张九辰，湖南教育出版社，2009年)，这是他在2009年夏天用颤抖的手签名赠送给我的，回忆起往日聆听他教诲的情景，心中涌起对先生深深的怀念。

　　施雅风先生于1919年3月21日出生在江苏省海门市。1937年于江苏省南通中学毕业考入浙江大学，1942年毕业于浙江大学史地系，1944年获浙江大学研究院硕士学位，同年9月，赴重庆北碚中国地理研究所任研究助理。1946年受地理研究所委派参加资源委员会"三峡水库经济调查"，1947年初随中国地理研究所由重庆迁回南京。1949~1953年在南京参与创刊《地理知识》杂志，并担任中国科学院地理研究所筹备处秘书。1953年调入北京，任中国科学院地理研究所所务秘书，1954年兼任中国科学院生物学地学学部副学术秘书。1958年到兰州组织中国西部高山冰川考察，先后担任高山冰雪利用研究队副队长、冰川冻土研究室主任，1960年负责筹建兰州冰川冻土研究所，同年7月全家迁入兰州。1965年任中国科学院兰州冰川冻土沙漠研究所副所长，1978年任中国科学院兰州冰川冻土研究所所长。1979年晋升为研究员，1980年当选为中国科学院学部委员(学部委员后改称院士)，1981年当选为地学部主任，1984年任冰川冻土研究所(现中国科学院寒区旱区环境与工程研究所)名誉所长。1985年兼任中国科学院南京地理与湖泊研究所研究员，是年全家由兰州迁入南京，此后夏季住在兰州，其他时间住在南京。施先生先后担任过中国地理学会副理事长、理事长、名誉理事长、中国地理学会冰川冻土学会主任、中国第四纪研究委员会副主任、竺可桢研究会理事长，被选为国际冻土学会理事、国际冰川学会理事、伦敦皇家地质学会名誉会员、国际第四纪协会名誉会员等，他还担任过《地理学报》、《冰川与冻土》、《中国科学》、《水科学进展》等重要学术期刊的主编和编委，先后受聘为南京大学、兰州大学、河海大学、南京师范大学、华东师范大学名誉教授。

　　施雅风先生早在初中时期就特别喜欢地理课，初中毕业地理考试得98分。进入高中后，对地理更有浓厚的兴趣，在高中二年级，他就根据当时抗日战争的时局，撰写了长达5000余字的文章《战时中国的生存线》，连续5天发表在南通市的《五山日报》，文章中提出："日本必然封锁中国海岸线，因此我国必须早作准备，开辟通往缅甸的交

　　* 本文原载《水科学进展》. 2012，23(1).

通线。"显示了他在地理与战略方面的智慧与眼光。考入浙江大学史地系后,施雅风先后师从著名地质学家叶良辅教授和著名地理学家黄秉维教授。当时浙江大学史地系汇聚了一大批地学界、史学界一流教授,如竺可桢(气象)、涂长望(气象)、张其昀(地理)、黄秉维(自然地理)、谭其骧(历史地理)、叶良辅(地质)、任美锷(地貌)、张荫麟(历史)等,名师的指导和浓厚的学术氛围,陶冶了施雅风先生的地学气质,也铸就了施先生的地学人生。施先生求学时期正值中国抗日战争和解放战争时期,强烈的爱国热情和对科学与民主的追求激励他把地学事业与民族振兴紧紧结合在一起,新中国更为他提供了实现地学抱负、展现地学才华的舞台,成就了他在地学领域做出杰出的贡献。

施雅风先生是中国冰川科学的奠基人,而且在永久冻土、寒区水文、泥石流、第四纪研究、青藏高原隆起与环境演变、全球变化与水资源等领域做出了奠基性和开拓性的贡献。施先生是中国冰川考察的开拓者,他先后考察了祁连山、天山、喜马拉雅山、喀喇昆仑山等中国西部山地冰川60余条,在1964年还登上希夏邦马峰海拔6200m处进行冰川考察,希夏邦马峰是地球上14座海拔8000m以上高峰之一。在大量且深入考察的基础上,施先生和他的同事们撰写了《祁连山现代冰川考察报告》、《希夏邦马峰地区冰川的分布和形态类型》、《喀喇昆仑山巴托拉冰川及其变化》、《珠穆朗玛峰科学考察报告(冰川与地貌卷)》等大量冰川考察报告、论文和专著,并于2004年完成《中国冰川目录》的编纂,2005年出版《简明中国冰川目录》。《简明中国冰川目录》计12卷、22册、2699页,典型冰川图115幅,收录冰川46 377条,冰川总面积59 425km^2,冰储量5600km^3,折合水量50 310亿m^3,年融水径流604亿m^3,为科研和生产提供了系统、全面的冰川权威数据。

施先生建立了中国区域冰川学的理论体系与研究领域。在现代冰川的研究方面,他在与谢自楚等撰写的《中国现代冰川的基本特征》论文中,阐明了中国现代冰川的地理分布、冰川发育的水热条件、成冰作用、冰川温度、冰川运动、冰川热量平衡与消融、冰川物质平衡与进退变化;将中国现代冰川划分为海洋型、亚大陆型和极大陆型。他在与黄茂桓、任炳辉等合著的《中国冰川概论》中,对山地冰川分布的地貌与气候条件、雪线变化规律及其与大气环流的关系,以及冰川物理、冰川水文、冰川化学等进行了深入的理论分析。在与黄茂桓、姚檀栋、邓养鑫等合著的《中国冰川与环境:现代、过去与未来》专著中,系统地总结了冰芯与环境研究、积雪研究、冰雪化学研究、冰川与气候变化研究等方面的最新研究成果。在第四纪冰川研究方面,施先生首次确定了中国西部山区在小冰期、末次冰期和大暖期冰川遗迹的位置与特征,并为后来地质年龄资料所证实。他与郑本兴等合作,划分出中国第四纪早更新世的西夏邦马冰期、中更新世的聂聂雄拉冰期、晚更新世的珠穆朗玛冰期,并深入讨论了珠穆朗玛冰期至现代观测时期的变化。他以论文《青藏高原末次冰期与最大冰期——对M. Kuhle的大冰盖假设的否定》推翻了德国冰川学家Kuhle关于在青藏高原曾存在"统一大冰盖"的论断。他在与崔之久、李吉均等合作撰写的《中国东部第四纪冰川与环境问题》专著中,用大量事实否定了关于中国东部地区第四纪曾经存在冰川的论述,并全面、广泛和综合地阐述了中国第四纪环境变化的过程与特征。

施雅风先生不仅开辟了冰川学研究，而且将研究的领域拓展到冻土水文研究与冰川水文研究。1960年施先生组织和领导了中国首次冻土考察，对青藏高原多年冻土开展了研究，并于1965年出版《青藏公路沿线冻土考察》，是中国冻土研究的开拓性成果。1962年施先生选择新疆天山北坡乌鲁木齐河流域一号冰川，建立了中国第一个冰川水文观测实验站，开展辐射热量平衡、冰面径流场、冰川末端水文观测，并从流域上游冰川至下游平原灌区进行综合性冰川水文学研究，经过几十年研究成果的积累，在他的指导下杨针娘和刘新仁于2000年出版了中国首部冰川水文学专著《中国寒区水文》。这些研究成果填补了中国水文科学在这一领域的空白。

施雅风先生对青藏高原隆升与环境变化研究做出了重大的贡献。他在《青藏高原晚新生代隆升与环境变化》专著中指出：①在距今250万~170万年青藏高原隆升已达到2000m左右高度，它与海洋等因素共同作用驱动了亚洲季风的孕育与发展，替代了早在第三纪时期的行星风系；②在距今110万~0.6万年的昆黄运动期间，青藏高原已抬升至3500m左右，推测高原周边高山可达海拔5000m以上，高原全面进入了冰冻圈。正是由于青藏高原上述的隆升过程与隆升高度所导致的季风系统与冰冻圈的形成，才在很大程度上决定了中国乃至东亚今天的自然环境。

施雅风先生在全球变化研究方面提出了许多重要的学术见解。1987~1995年，施先生主持"中国气候与海平面变化及其趋势和影响研究"项目。在该项研究成果之一《中国全新世大暖期气候与环境》中，他提出了"全新世大暖期"(即距今8500~3000年)概念，指出当时(尤其在距今7000~6000年)温度一般比现代高2~3℃，降水比现代多2倍以上，并建议以此作为未来气候变暖的前景相似借鉴。在中国西部气候变化的研究中，他在专著《气候变化对西北华北水资源的影响》中提出了20世纪西北气候暖干化和水资源减少的推断，随后，他在"全球变暖与中国自然灾害趋势"项目研究中，与他人合作撰写了《中国西北气候由暖干向暖湿转型问题评估》，其中提出了中国西部气候在21世纪可能出现由"暖干化"向"暖湿化"转变的判断。这一研究成果受到了叶笃正、刘东生和朱镕基、温家宝等学术界和中央决策层的高度关注。

服务国家需求、注重科学考察、积极开拓创新、悉心培养人才、一生执著勤奋，是施先生为地理科学研究留下的宝贵经验。

施先生总是把国家的需求与自己的研究紧密结合在一起。他在回忆1957年第一次参加祁连山地质考察时说："看到山北坡有冰川，水源充足，牧草丰盛，而山南坡没有冰川，考察队连做饭取水的地方都难找，南北坡强烈的对比，引发了我研究冰川和干旱区水源的兴趣。""当时就想，祁连山有那么好的冰川水源，而西北却是大片寸草不长的戈壁和干旱荒漠，应该把冰川水很好利用起来。"从此施先生踏上了研究冰川之路。

1963年，国家兴建青藏公路和青藏铁路，遇到了从西大滩到昆仑山垭口段的冻土工程地质问题，施先生不顾"三年困难时期"的艰辛，率队进行青藏公路冻土考察与研究，成功解决沿线冻土工程地质问题，并撰写出版了《青藏公路沿线冻土考察》。20

世纪60年代，我国进行"三线建设"，1964~1966年施先生率队先后进行川藏公路和成昆铁路冻土与泥石流考察，揭示了冻土、泥石流的范围，冻土的季节变化和冰川泥石流的形成机制，提出了克服冻土与泥石流的办法，为西北和西南交通建设提供了保障，同时，也为中国冻土和泥石流学科奠定了基础。1973年春夏之交，由于巴托拉冰川洪水暴发，把刚建成的中(中国)—巴(巴基斯坦)公路冲毁，已年逾55岁的施先生受命率队去现场进行考察研究，历时两年终于揭示了巴托拉冰川运动和消融的规律，对冰川未来的终极前进范围做出了正确预报，并通过该项研究，提出了波动冰量平衡预报方法。1985年，施先生为缓解乌鲁木齐水资源严重短缺问题，对新疆柴窝堡盆地东面海拔5600m的博格达山冰川进行考察和分析，提出从柴窝堡湖北岸每年抽取3000万 m^3 地下水补给乌鲁木齐的建议，并成功实施。

上述这些研究活动与成果，极大地支持了国家经济建设，同时也带动了学科的发展，这正生动地体现了施先生长期坚持和倡导的"科研要服务生产，但要先于生产"，"要以任务带学科"的科学思想和研究路线。

施先生治学强调理论与实际相结合，尤其强调野外科学考察的重要性。他回忆在浙江大学读书时说："我常去野外考察，肯吃苦，叶(良辅)教授很喜欢我，建议我留校做研究生。"施先生的本科毕业论文《遵义附近之地形》就是在抗战艰苦条件下历时一年独自进行野外考察写成的，并刊登于当时著名刊物《地质评论》，获得了教育部奖。在后来60余年的地学研究岁月里，施先生的足迹几乎踏遍了中国冰川、沙漠、戈壁、草原、高山与大川，直到69岁还远渡重洋赴南极考察。施先生用双脚丈量了祖国的山河，也铺陈了他的科学人生。

施先生十分强调科学研究中的开拓与创新。施先生是中国冰川学、寒区水文学和泥石流研究的奠基者和开拓者，是中国第四纪研究和全球变化研究的开拓者，他在这些领域的许多原创性科研成果，为这些领域的学科创建与发展奠定了理论基础。施先生在注重原始创新的同时，也十分重视集成创新，他说："像中国第四纪冰川与环境变化这样的问题，不是几个分散的课题可以回答的，而必须把相关的专题研究成果汇集到一起进行综合分析，我管这种研究叫集成研究。"施先生进一步指出："这种集成研究不是机械的资料编纂，而是集成中有所创新，从中发现若干单项研究或个体研究不易理解的新知识，提出新观点、新方法、新技术和新理论，开拓新的领域，增加新的内容。"事实上，自20世纪90年代以来，施先生在第四纪环境、全球变化、中国西北气候转型等方面取得的重要成果，就是通过集成研究所取得的集成创新成果。

施先生十分注意中青年人才的培养。早在20世纪80年代初中国科学院地学部的一次会议上，施先生在发言中就卓有远见地强调："要大力培养研究生，要派遣中青年研究人员出国学习新理论、新技术，要争取在20世纪末实现科研人员完全更新换代。"施先生培养研究生十分严格，他说："我培养研究生强调三点，首先告诉他搞科研非常辛苦，因此要立志，要有做一名高水平学者的志向，如果仅为了拿文凭，趁早别走这条路；第二，强调理论联系实际，特别是野外工作能力的培养，学生要自己去野外观察、采样、实验室分析，这样写出来的论文才会是实实在在的高水平论文；第三，强调创新能力，无论是硕士生还是博士生，论文一定要是原始创新，我早期的几位博士生的论文还要求一定要在《中国科学》上发表。现阶段活跃在中国冰川学研究前沿的学者，大多都受到过他的教诲，其中中国科学院院士李吉均、程国栋、秦大河、姚檀栋和第三世界科学院院士谢自楚等的成长，都得到过他的培养和扶持。

施先生为自己钟爱的事业执著奋斗了一生，从1957年第一次踏上祁连山冰川，他就把事业和人生融为了一体。在1960年食不果腹的困难时期，他为了筹建兰州冰川冻土研究所，毅然举家从北京迁到兰州。在"文化大革命"惨受迫害、满腔悲愤的日子里，他为了事业毅然抉择"要活下去！"。谁都知道，常年在高寒缺氧的高山冰川雪地从事科学研究，是何等艰苦，正如秦大河院士所言："在冰川工作者的生活里没有夏天。"然而施先生却笑看这一切。他说："有大苦，也有大乐。为探求真理和人类利益的崇高事业奋斗献身，吃过苦以后取得的乐，才是真正的享受。我没有后悔我走的路。"这就是施雅风——一位站在理想之巅的科学家的情怀！

施先生一生勤奋耕耘，著述丰厚，发表学术论文200多篇，主编专著20余部。先后获国家自然科学奖一等奖和三等奖各1次，国家科学技术进步奖二等奖1次，中国科学院奖多次。他还获得过竺可桢野外科学工作奖(1996年)、香港何梁何利奖(1997年)、科学出版社知名作者奖(2004年)、中国地理学会地理科学成就奖(2006年)、中国第四纪研究会第四纪研究功勋科学家奖(2006年)、甘肃省科技功臣奖(2006年)。可是施先生却谦逊地说："国家和社会给予我的报酬与荣誉远远超过我的贡献，我深感惭愧。今后来日无多，我仍当竭尽绵力，继续做点力所能及的工作。"

我与施先生是1984年在编纂《中国大百科全书·水文科学》时认识的，当时他是编委会委员，也是"冰川"条目的撰稿人，我是秘书兼特约编辑和《综论》部分的副主编，在条目框架设计和内容讨论时，他的朴实和严谨给我留下极深的印象。1990年我创刊《水科学进展》，很荣幸地邀请到施先生担任编委。在第一次编委会上，有人提出期刊的英文名称"Advances in Water Science"中的Science应当用复数，施先生当时非常明确地表示："还是用单数好，因为水科学并不是各种水文分支学科的简单相加，而是视水圈为一个整体，建立起描述水圈的存在、运动及其与其他圈层相互关系的新知识体系。"我当时真是难以抑制遇到知音时的那种兴奋，深深敬佩他的睿智和宽阔的学术视野。1994年初，施先生要我对他的新著《中国气候与海平面变化及其趋势和影响：气候变化对西北华北水资源的影响》进行出版前的评议并提出修改意见，我斗胆写了5页纸的书面意见，没想到施先生竟亲自来到我的办公室，对我所提意见逐一进行说明与讨论。事后我了解到，施先生还请了陶诗言、陈家琦等10余位同志就书稿进行评议，令我深切感受到一位大科学家的学术民主作风和谦逊。后来，我陪施先生考察南京水文研究所滁州水文实验基地、参加他的学生的博士论文答辩等，也常讨论关于全球变化与水文循环等热点和前沿问题，接触更加多了起来。

施先生在《竺可桢全集》序中写道："竺可桢异常勤奋和严谨的治学精神，虚怀若谷的民主作风，实事求是、坚持真理的科学态度，冒险犯难、公忠为国的大无畏精神，使我受到极深的教育。"其实，这不也正是施先生一生的真实写照吗？在我的心中，施先生是一位和蔼可亲的长者，一位为科学理想奋斗一生的科学家，一尊屹立在高原雪山之巅的科学丰碑。

致谢：施雅风院士的学生刘波博士提供资料；中国科学院寒区旱区环境与工程研究所沈永平博士提供照片；参阅了《施雅风口述自传》(张九辰，湖南教育出版社，2009年)、《求实创新伟业卓著》(中国科学院寒区旱区环境与工程研究所主编，甘肃科学技术出版社，2009年)、《施雅风近年文汇》(未公开出版)中的部分材料。

▼ 纪念施雅风院士

1. 1937 年自江苏省立南通中学毕业
2. 1939 年在贵州桐梓地质实习，右起依次为赵松乔、杨利普、施雅风、蔡钟瑞、刘志远
3. 浙江大学史地系欢送第一届毕业同学合影（第三排左六）

▼ 纪念施雅风院士

4. 1964 年在希夏邦马峰冰川考察
5. 1950 年与沈建女士结为伉俪
6. 1969 年在兰州走出牛棚时全家合影
7. 1987 年在天山 1 号冰川考察

8

▼ **纪念施雅风院士**

8. 冰川学者风采

9. 1988 年在南极长城站（左三）

10. 考察南京水文所滁州径流实验站水文山

9

10

纪念吴明远教授[*]

吴明远教授是我国著名水文学家、西南水文高等教育事业的开拓者。

吴明远教授1919年10月5日出生于四川省内江县。1942年毕业于中央大学水利系，1942~1949年先后担任四川省水利局灌溉工程处技佐、技士，水利部中央水利实验处成都水工实验室助研，自贡工业专科学校、川南工业专科学校讲师。1949年后历任四川大学、成都科技大学(1994年与四川大学合并为四川联合大学)水利系副教授、教授。1992年1月25日在成都逝世。

吴明远教授是我国西南地区水文高等教育的创建者和开拓者。1952年他在四川大学工学院讲授理论力学、钢筋混凝土和工程水文学课程时，深感国家急需水文人才，便在学校支持下于当年开办了我国第一个水文专修科，并于1953年为新中国培养出第一批水文专业大学专科毕业生，及时地为新中国经济建设输送了水文人才。随后，他为创办成都工学院(后改名为成都科技大学)陆地水文专业呕心沥血、四处奔波，在师资培养、教学计划、教材建设和实验室建设等方面做了大量卓有成效的工作，终于在1956年正式招收水文专业本科学生，为西南水文高等教育奠定了基础。该专业历届毕业的学生成为我国一支重要的水文科技力量。吴明远教授除讲授工程地质、灌溉工程、理论力学、钢筋混凝土和水力学外，还开设了水文学、工程水文学、水文测验、水文分析与计算、水文资料整编等水文专业课程，凡他开设的课程均亲自编写教材，由他参与主编的《工程水文学》获1986~1989年高等学校水电类专业优秀教材二等奖。

吴明远教授为我国西南地区水利水电建设做了大量水文勘测、设计和科研工作。他参与了龙池水电站、谭家嘴水电站、狮子滩水电站的水文勘测与设计，他参与的"沱江枯水径流特性分析与设计流量的确定"获四川省1986年度科技进步二等奖，他参与主持的"三峡工程对库周水文和气候的影响的研究"获中国科学院1989年度科技进步一等奖。吴明远教授还发表了《金沙江屏山站以上流域月径流过程的随机模拟》、《关于入库洪水动态研究》等论文多篇，编译了大量国外水文科技文献。

吴明远教授把自己的一生都献给了我国的水文教育和科技事业。他勤奋耕耘，治学严谨，平易近人，乐于助人。他在临终前，嘱咐丧事从简，要求把自己的骨灰

---

* 本文原载《水科学进展》. 2004，15(1).

撒入他为之献出毕生精力的祖国河川之中。我是1965年在北京水科院林平一先生办公室认识吴明远教授的,他那谦逊质朴的身影和地道的四川口音久久萦绕在我的脑海中。

致谢:丁晶教授提供资料并审读全文;吴明远之子吴克贤提供照片。

中華民國　　　年十一　月　　　日

國立中央大學

教育長　朱經農

校長　蔣中正

畢業證書時並應繳銷

二、本證明書有期期間為一年過期作廢換領正式
附註：一、該生入學資格經呈奉　教育部三十年四
月　日高字一五八九號指令核准備案

教育部核發外特給臨時畢業證書以資證明此證
核准參加畢業試驗成績及格正式畢業證書應候呈准
教育部三十　年　　月　　日高字　　　號指　
工學院水利工程　科　修畢期滿經呈奉
學生吳明遠係四川省內江縣人現年二十四歲在本
臨時畢業證明書　第五五八號

▼　　纪念吴明远教授

1. 吴明远国立中央大学毕业证书
2. 1984 年《工程水文学》教材讨论会合影 (左二)
3. 1931 年毕业于国立中央大学水利工程系

▼ **纪念吴明远教授**

4. 1986 年全家合影
5. 结婚四十年纪念

纪念林秉南院士 *

　　林秉南院士是我国杰出的水力学与河流动力学家，我国水力学学科重要的奠基人和开拓者之一，为我国长江三峡工程建设做出了重要贡献。

　　林秉南祖籍福建省莆田县，1920年4月21日生于马来亚(现马来西亚)，原名秉兰，后改名秉南，字士光。父亲林黄卷，当时在马来亚任庇勝华侨学校校长，兼垦殖橡胶园和经营锡矿，在马来亚加入中华革命党追随孙中山先生，1921年应孙中山先生召唤回到广州任孙中山大元帅府内政部矿务局科长、财政部两广盐运署秘书。次年林秉南随母亲回国，从此在广州定居。

　　林秉南于1938年考入交通大学唐山工学院(因抗日战争当时迁往贵州平越)，时任院长为茅以升教授，1942年毕业，留校任混凝土建筑设计课程助教。1943年离校任贵州修文资源委员会修文水电工程处工务员，从此与水利结缘。1945年考取国民政府教育部公费留美研究生，1946年3月从上海乘船赴美，同行有许协庆等30余位学子，于4月抵美就读于爱荷华州立大学力学和水力学学院(College of Mechanics and Hydraulics, The State University of Iowa)，于1948年获水力学硕士学位，1951年获博士学位。在此期间于1949年与同在爱荷华大学留学的王宝琳结为伉俪。王宝琳是我国现代化学开拓者之一王琎教授之女，回国后在北京大学附属医院任儿科主任，是中国儿科肾病专业的奠基人之一。林秉南于1952~1954年在科罗拉多州立大学任助理教授，1955年12月举家回国。1956年林秉南任中国科学院水工室研究员和水力学组副组长。1958年中国科学院水工室、北京水利科学研究院、北京水电科学研究院合并成为北京水利水电科学研究院(以下简称北京水科院)，林秉南参与该院水工所筹建，并于1959~1966年担任水工所副所长。1966~1972年林秉南在"文化大革命"中作为"反动学术权威"受到批斗，送往河南平舆水电部"五七"干校劳动。1972~1977年在水电部科技情报所任工程师，1978年从科技情报所调回北京水科院任水工冷却水所副所长，1980年任水力学所所长，1982~1984年任北京水科院院长，1985年起受聘为北京水科院咨询委员，1990年任北京水科院名誉院长，直至2014年1月3日逝世。

　　林秉南院士是全国政协第五届至第八届委员(1978年2月~1998年2月)，清华大学兼职教授，美国科罗拉多州立大学客座教授，中国水利学会副理事长(1981~1990年)，钱

* 本文原载《水科学进展》. 2014，26(4).

宁泥沙科学基金会主任委员(1988~2005年)，1991年当选为中国科学院院士。

林秉南院士长期从事水力学与河流动力学领域的研究，在高速水流、明渠不恒定流和河流泥沙研究等方面都取得了开拓性成就。

在高速水流方面，他于1958年完成了我国第一座最大流速可达19m/s、变坡幅度可达57°的高速水流渗气陡槽设计，是当时世界三座试验用大型活动陡槽之一。他是我国最早对溃坝波进行试验研究的学者，早在1958~1959年，他负责设计了第一个长江三峡水库水体突然泄放实体模型，完成了长达18卷的《长江三峡水体突然泄放问题研究报告》；他是高坝水流宽尾墩新型消能工的发明人之一，他主持的"宽尾墩、窄缝挑流坎新型消能工及渗气减蚀的研究和应用"改变了高坝泄流消能的传统概念与途径，找到了解决我国高坝建设中出现的极高速水流对水工建筑物严重的空蚀及冲刷问题的方法，在安康、潘家口、五强溪、岩滩、隔河岩等许多大型水利水电工程中，取得显著技术效果和经济效益，为中国高坝建设提供了有效技术支撑，获得国家科技进步二等奖。他还开发了如"渗气水流测量方法"等多种首创的高速水流实验和测量设备与仪器。

在不恒定流研究方面，林秉南于1948年在他的硕士论文"Unsteady Floor Problems from Massau's Link Attack"中，提出了求解不恒定流的"指定时段构造特征线网法"，并于1952年4月发表于美国地球物理联合会会刊，受到当时水力学界的重视，后被收入美国、日本多部水力学专著中。他于1950年提出的"明渠非恒定流等时段法"被选入《中国水利大事年表》。1974~1985年，他作为浙江省河口海岸研究所特邀顾问，并带领研究生在我国率先开展了用数学方法模拟不恒定流流场的研究，先后提出了"二维特征理论法研究杭州湾潮波运动"、"破开算子法在二维潮流和污染物扩散场计算中的应用"、"三角网格在二维不恒定流计算中的应用"等大量研究报告和论文，推动了我国不恒定流数学模拟的研究，在生产实践中获得广泛应用。

在河流泥沙研究方面，林秉南于1951年在他的博士论文"Effects of Spacing and Size Distribution on the Foll Velocity of Sediment"中首次用实验揭示了泥沙沉降中浓度效应的存在，指出泥沙颗粒雷诺数是研究浓度效应的重要参数。该项成果发表于美国第二届中西部流体力学会议论文集，改变了传统的泥沙沉降速度公式只适用于单颗粒泥沙在无穷介质中沉降的状况。1959年他和钱宁共同开展钱塘江河口演变基本规律研究，于1974年提出了一维和二维动床计算方法；2001年他和王兆印合作在第29届国际水利工程研究协会(IAHR)发表论文"Sedimentation Studies in China——Present and Future"，系统总结了我国泥沙问题研究的科学成就和研究方向；从1986年起他把主要精力投入长江三峡工程泥沙研究中，于2006年在《水利学报》发表《河流悬移质泥沙冲淤数学模型导论》，这是他关于河流泥沙问题研究的总结性论文，也是他一生发表的95篇论文中最后发表的一篇论文。

林秉南为长江三峡工程建设做出了重大贡献。在长江三峡工程可行性论证中，泥沙问题是三峡工程建设运行中的关键性技术问题之一。1986年8月林秉南受命担任泥沙论证专家组组长，严恺、钱宁、张瑞瑾、杨贤溢和石衡任顾问，专家组成员由27人组成，后增至32人。面临着泥沙问题的复杂性和国内外对三峡工程泥沙问题的高度关注，林秉南广泛听取专家们的意见，凝练出水库淤积与防洪库容和调节库容的长期保持、水库变动回水区航道与港区淤积、水库末端淤积与重庆市洪水位抬高、水库运用对江湖关系和下游河道及长江口的影响等几大课题，在由多学科初步确定的"175-145-155"方案(即正常蓄水位175米，防洪限制水位145米，枯季最低消落水位155米)和"蓄清排浑"运行方式的框架下，采用原型实测资料(以丹江口水库变动回水区为原型)、泥沙实体模型(建造四个实体模型各自独立进行平行试验)、数字模型(由林秉南亲自主持评议)，进行了多途径细致深入的研究。经过长达两年半的研究，终于提出《泥沙专题论证报告》，在《泥沙专题论证报告》的结尾段掷地有声地指出："三峡工程可行性论证阶段的泥沙问题经过研究，已基本清楚，是可以解决的。"这是对历史的承诺。

该项论证成果获得了国内外广泛的认同和赞誉。世界银行在1986~1988年委托加拿大与中国按照世界银行的国际标准联合编制的长江三峡工程论证报告第三卷《理论、计算与数学模型》一节中写道："三峡工程整个控制泥沙策略所依据的平衡坡降与保留水库长期库容理论在中国已发展成完美的艺术。世界上再也没有别的国家有使水库防洪调节库容得以永久保持的如此丰富的经验。"然而，作为一位具有使命感和严肃科学精神的科学家，林秉南并没有陶醉在已有的成功中，而是思考得更远更深。1993年国务院三峡工程建设委员会考虑到泥沙问题在三峡工程建设和运行中的复杂性和关键性，决定在论证工作结束后继续设立泥沙课题专家组，负责组织协调三峡工程泥沙科研工作，林秉南受聘为组长，再次挑起三峡工程泥沙问题研究的重任。他编制了《关于三峡工程泥沙研究规划》，为开展更加深入、系统、长期的三峡工程泥沙研究制定了路线图，并在"九五"、"十五"泥沙攻关项目中实施，取得丰硕成果。

林秉南对三峡泥沙问题一直持十分谨慎严谨的态度。2003年他在接受记者采访时说："必须居安思危，要充分考虑将来可能出现的新问题。"2009年他在一篇未正式发表的论文《我对三峡工程泥沙问题的认识》中，对当前和将来三峡工程泥沙问题做了极为精辟和深刻的论述。他指出：①目前世界上还没有一个根据计算成功预报水库百年淤积的先例，这是数学模型本身的功能所决定的。数学模型的功能限于在给定的外部条件所适用的范围内对可能出现的情况通过计算进行预报，而外部条件如何演变难以把握。因此他建议加强对外部条件演变的研究，并建议以25~30年作为一个淤积预见期。②对水库应设立"安全阀"，以作为应对水库出现的意外情况。"安全阀"包含两层含义：其一，水库在必要时可将坝前水位降至某一特定低水位，这样，一来可以借以冲刷水库泥沙，作为应对意外淤积的措施；二来在战时可保障水库安全，为此要保证库岸的稳定性能允许水库水位迅速消落。其二，对数模计算的重庆洪水位应预留1~3米的变幅，以应对意外大淤积。③要充分认识优化调度对减淤的重要性，其内涵是降低水库水位、冲刷水库淤积，并以此控制水库淤积。水库建成后，优化调度是人工调节水库淤积的唯一手段，在任何时候都不应放弃。他同时指出，优化调度引起的流动是不恒定流，用恒定流模型进行优化调度计算其结果将会引起误导的作用。④要进一步发展泥沙数学模型。他指出：模型的数学框架必须正确无误，力求模型符合自然物理现象及流体力学原理，在模型中要攻克黏滞性和惯性同时起作用的问题，要进行模型与观测资料的拟合，实体模型的条件是由数学模型给出的，要深化对两者关系的认识。林先生这些认识，为我们继续进行三峡水库泥沙问题研究指明了方向。

林秉南是国际知名学者，长期活跃在国际水利和水力学科技交流舞台上。1983年他率团访问日本，促成"中日河工坝工会议"，至今已成功举办了26届。他作为发起者之一，积极推动联合国教科文组织筹建国际泥沙研究培训中心，并于1984年在北京成立，林秉南担任第一至第四届顾问委员会主席，兼英文期刊*International Journal of Sediment Research*主编。1991~1996年他担任国际水利工程与研究协会IAHR亚太地区分会主席。1997年他获得美国土木工程学会干旱地区水利工程奖和IAHR终身荣誉会员奖。在他的发起和大力推动下，2004年世界泥沙研究会成立，2007年他获得该学会荣誉会员奖。他的这些努力，搭建了中国与世界泥沙科技交流的平台，为中国泥沙科技发展迎来更多机会与荣誉。

当我行文至此时，一位谦和、睿智、严谨，海外学成毅然回到新中国，为国家和水利科学做出杰出贡献的科学家——林秉南先生的形象更加清晰地映现在我的眼前。还有他的夫人，著名儿科专家王宝琳大夫，1973年她曾为我三岁女儿诊治肾炎，我们曾一度是邻居。我对他们怀着深深敬意的和感激之情。然而，令人悲叹的一幕此刻也从我脑海的深处翻腾出来。那是1966年深秋的一天上午，我从北京水科院北院单身宿舍去办公室，目睹林秉南先生和他年迈的父亲正挂着"汉奸"、"特务"的牌子，被一群狂热之徒在批斗着……虽然时隔46年之后，当记者向已92岁高龄的林秉南先生问及如何看待那段不堪回首的日子时，他只淡淡地说了八个字："无所谓了，群众运动。"可是我心里却隐隐作痛。赞哉！叹矣！一代代大禹传人，他们肩挑着以水利振兴中华的重担，艰难跋涉在大河上下，忍辱负重，直到春蚕丝尽。他们是我们民族的脊梁。

致谢：水利部汝楠同志，中国水利水电科学研究院李锦秀处长、尚静石同志、吴娟同志提供资料，胡四一教授对全文做了重要修改；参阅了中国科学院《林秉南院士学术成长资料采集小组研究报告》。

▼ **纪念林秉南院士**

1. 1949 年在美国爱荷华大学与校友王宝琳女士结为伉俪
2. 与谢家泽夫妇、汪闻韶夫妇同游慕田峪长城
3. 1989 年在第四次河流泥沙国际学术研讨会上

▼ <u>纪念林秉南院士</u>

4. 1999 年在清华大学三峡坝区模型试验现场

5. 2010 年与从美国一同回国的许协庆夫妇合影

6. 2000 年八十大寿与夫人合影

纪念叶守泽教授[*]

叶守泽教授逝世一周年了，我们怀着崇敬的心情纪念他。

叶守泽教授于1920年7月11日出生于广西壮族自治区桂林市。1942年毕业于广西大学土木工程系并留校任教。1946~1948年赴美国留学，获密歇根大学工学硕士学位，是年回国后任广西大学教授。1952年根据全国院系调整规划调任武汉大学教授、土木系主任，1954年调入原武汉水利电力学院任教授、副教务长、科研处处长、副院长。2000年原武汉水利电力学院与武汉大学合并，叶先生继续在武汉大学任教，直至2002年9月逝世。

叶守泽教授从事水文高等教育50余年，桃李满天下，为我国水文高等教育做出了卓越的贡献。他是武汉水利电力学院水文专业的创建者之一。他主编和合编了《径流调节》、《水文水利计算》、《水利水电工程环境评价》、《水文系统识别(原理与方法)》、《河川水文学》、《工程水文学》等高等学校教材，还编写了大量的讲义。他于1981年成为我国恢复学位制后水文水资源专业首批博士研究生导师，并于同年在武汉水利电力学院创建了我国水文及水资源专业最早的博士点之一。他培养了21位博士和一大批硕士，指导年轻教师提高学术素养，培养了居于水文水资源学科前沿、富有开拓精神的学科梯队。叶守泽教授还应邀两度赴越南讲学并帮助越南水电大学创办水文专业，受到胡志明主席的接见和表彰。

叶守泽教授在水文水资源领域科学研究中成果丰硕。他不仅在径流调节、暴雨洪水、水文统计等传统水文学科取得了丰硕的成果，在水文非线性理论与方法、水文系统识别、水文风险分析等方面也进行了开拓性研究。他先后在国内外学术刊物发表《流域汇流的非线性特性分析》、《河流水质不确定性数学模拟》等论文40余篇、专著与教材9种，获得省部级科技进步奖9项。

叶守泽教授勤奋耕耘、师德高尚，有丰富的教学经验。他注重学生的基础训练，认为具有坚实的基础才能激发创造性思维。他努力为学生创造良好的学术环境，鼓励学生大胆探索新理论与新方法。他淡泊名利、甘为人梯，当学生在将发表的论文中署他的名字时，他总是执意删去。他曾荣获国家教育委员会、中国教育工会颁发的全国优秀教师称号及其他多项荣誉称号。

我于1963年在武汉第一次见到叶先生，20世纪80年代在编纂《中国大百科全书》(大

_____

＊ 本文原载《水科学进展》．2004，15(2).

气科学·海洋科学·水文科学卷)时有较多机会与叶先生切磋条目，他平易近人、治学严谨，给我留下很深的印象。此刻，叶先生于2000年10月亲笔签名寄来的《现代水文水环境科学进展——庆贺水文学家叶守泽教授八十诞辰》正摆在我的书案，见到书中叶先生的相片和文章，勾起我对他的深深思念和敬意。

致谢：夏军教授提供资料和照片，并审读全文；参阅了《现代水文水环境科学进展——庆贺水文学家叶守泽教授八十诞辰》(魏文秋、夏军主编，武汉水利电力大学出版社，1999年)

▼ 纪念叶守泽教授

1. 1951 年在淮河查勘
2. 新婚留影
3. 全家合影

4

5

▼　纪念叶守泽教授

4. 1960 年在越南与胡志明主席交谈

5. 1995 年与学生合影，中间为叶守泽和夏军教授

▼ 纪念叶守泽教授

6.在"211工程"评议会上（左四）
7.八十诞辰全家合影

纪念叶永毅先生[*]

去年8月28日，我在北京水利医院叶永毅先生的病床前对他说："叶老，南京的老水文所同志们叫我来看您呐！"叶老脸上顿时泛起欣慰的笑容，目光里流露出喜悦和慈祥，握住我的手，用不连贯的声音喃喃地说些什么。我能懂！他在牵挂着尚未完成的事业，留恋着与朋友们的友情。9月10日，叶老逝世的消息传到南京，才不过10余天啊！光阴荏苒，转眼却已经一年了。

叶永毅先生于1921年7月22日出生在福建省福州市。1942年从中央大学水利系(重庆)毕业，1943年任中央大学水利系助教和中央水利实验处(重庆)土工实验室助理研究员。1945~1946年赴美国加州大学和联邦垦务局进修。1947~1948年任江西赣江水利委员会工程师和测量队队长；1949~1950年，叶先生任新中国华东水利部(南京)工程师，是年末从南京奉调北京水利部水文局。1956~1969年任北京水利水电科学研究院水文研究所副所长。1969年末~1974年下放到刘家峡水电站工地劳动锻炼，1975~1980年调任黄河水利委员会勘测设计院任副总工程师。1981年调回北京水利水电科学研究院，任教授级高级工程师并参与主持水资源研究所的工作，1990年6月离休。

叶永毅先生是中国著名水文学家。1949~1950年和1952~1954年，他先后参与主持了长江、淮河、黄河积压了几十年的水文资料整编，期间，他提出了测站考证和原始资料审查规程与准则；提出了包括洪水涨落、回水顶托、断面冲淤、水草、冰凌等一系列因素对水位-流量关系曲线的影响分析与改正的方法；提出以《水文年鉴》形式刊布逐年整编的水文资料。这些开拓性的成果和建议，为形成中国水文资料整编和刊布规范奠定了技术基础。

20世纪50年代，叶先生在参加《黄河综合利用规划技术经济报告》编制工作时，就提出了应用历史洪水资料外延频率曲线的构想和方法，并通过野外调查与文献考证，获得了黄河三门峡河段1843年(道光二十三年)大洪水的洪峰估值，改善了陕县站洪峰频率曲线的外延段，提高了1000年一遇设计洪水的可靠性，并推动了全国历史洪水调查工作。在洪水频率分析中应用历史洪水信息，是中国对设计洪水研究和应用的重大贡献。叶先生在发表于《中国水利》(1957年第12期)《根据流量资料计算设计洪水》的论文中，提出了进行定时段(3d、7d、15d、30d)洪量频率分析方法，并将同频率洪峰与各时段洪

＊ 本文原载《水科学进展》．2012，23(5).

量共同作为设计洪水过程线的依据。这是最早提出的"峰量同频率"概念，丰富了当时设计洪水的内涵。1964年他组织编写了《设计洪水计算规范》(草案)，该草案成为后来的国家标准《水利水电设计洪水规范》的基础。1952年，叶先生撰写并出版了《怎样预报洪水》(水利出版社，1952年)，是中国现代第一部洪水预报专著。

1958~1963年，叶先生提出编制各省(区、直辖市)《水文统计》、《水文手册》、《水文图集》，并组织北京水利水电科学研究院水文研究所科研力量，首次编制出版了《中国水文图集》(科学出版社，1963年)。这些成果不仅及时满足了当时群众性水利建设的需要，而且开拓和推动了中国的区域水文学研究。

1956~1969年，叶永毅先生作为水文研究所副所长，和李克宁、陈家琦、陈志恺等专家一道，在北京水利水电科学研究院副院长兼水文所所长谢家泽教授领导下，创建和发展了新中国第一个水文研究所。该所不仅做出了多项具有开创性的重要成果，满足了当时国家水利建设的需要，而且培养了中国第一批从事水文科学研究的专业人才，对中国水文科学研究事业具有奠基性意义。

叶永毅先生在水利规划、水利经济、江河治理等领域也做出了重要贡献。

在水利规划方面：他于1947~1948年主持编制了赣江流域综合规划，该规划将美国田纳西流域开发利用模式与赣江流域自然、经济、社会等情况紧密结合，是中国第一个现代流域综合规划。1954年他参加新中国成立后的第一次黄河流域规划并任水文组组长。他于1957年参加三门峡水利枢纽规划设计，提出：三门峡水库运用应由全年蓄水拦沙高水位发电运行方式改为汛期控制305m水位滞洪排沙低水头发电、汛后蓄水高水位发电运行方式；不堵塞位于河底280m高程处的12个施工导流底孔，以利排沙和提高泄流能力；分期建设且近期坝高按350m正常高水位设计和施工，以减少淹没和投资积压。后来的实践证明，叶先生当时的主张是正确的。

在水利经济领域：叶先生早在1980年就敏锐地提出社会主义市场经济条件下水利经济学的基本任务和主要理论问题，翻译出版了美国《水资源规划经济学》，并担任中国水利经济研究会副理事长。1984年他在《中国水利》月刊开设水利经济学讲座，内容涵盖水利建设的最终目标、水利建设的代价与效益、资金的时间价值、水利工程寿命和经济分析期限、水利建设方案的经济学分析原则、增量与边际分析、资金折现率选用、水利建设方案的经济学比较方法及评价和选用、水利经济分析中的价格问题等10个专题。这些内容构成了中国现代水利经济学的基本框架。1988年叶先生受聘担任亚洲开发银行援华项目"改善灌溉管理与费用回收"中方专家组组长，他提出的灌溉水费标准、水价定价原则与方法不仅在该项目中采用，也成为中国灌溉经济方面的重要依据。

在河流治理方面：叶老对黄河中游黄土高原水土流失治理倾注了大量心血。在对黄土高原进行深入考察的基础上，他于1979年向水利部提出了《黄河中游水土流失严重地区加速治理问题的调查报告》，在报告中他总结了群众长期摸索积累的实践经验，针对不同水土流失区特点，提出不同的治理模式，例如：在有宽阔河滩的沟壑区实行"农田下川、林草上山"模式，在高原沟壑区实行"塬面是粮仓，沟里是银行"模式，在丘陵沟壑区实行"旱则收川，涝则收山"模式等，并把这种模式综合成"小流域治理"范例，在黄河中游地区推广。1978年叶先生在黄土高原考察时，见到漫顶而未垮的淤地坝，受此启发萌生了修建过水土坝的设想，后经大量室内外试验获得了成功，现已在黄土高原治理和内蒙古、河南、湖南等省区中小病险水库除险加固中应用。

叶先生不仅在水利科技领域做出了多方面的贡献，也是我们的良师益友。我还记得1962年9月我第一次见到叶先生时的情景。那时我大学毕业分配到北京水利水电科学研究院，到水文研究所报到时是叶所长对我进行面试。我有些忐忑地走进他位于北院4楼的办公室，"是刘国纬同志吧？！"，他微笑着并招呼我坐下。虽然早已记不起他考问我些什么问题了，但他翩翩的学者风度、友善真诚的笑容，从那时起就沉淀在了我的心中。叶先生思维敏捷，好学勤思，所以他的研究总是富有创新精神；叶先生的研究大多聚焦当时国家关注的水利问题，所以他的研究总是能与时俱进地为水利建设服务；叶先生的研究注重从实际出发，着重调查研究，所以他的研究成果多能在实际中推广应用。叶先生十分关心青年人的成长，他在《水利与创新——叶永毅选集》的自序中总结自己几十年的学习与研究心得时，语重心长地勉励青年同志们："在学习上要做到三点，即一要勤奋，二要虚心，三要敏锐。""在创新方面也要有三点，即一要科学实用，二要有勇气，三要有耐心。"先生的这些心得和感悟，一定会在后来人中传承。

叶先生为水利科技事业工作了近70年，把自己毕生的精力完全融入了他执著追求的事业中。叶老喜欢秋天的红叶，常把她们夹在爱读的书中，还喜欢用"一叶"或"知秋"作为给朋友信件的署名。又是一年的金秋时节了，那在秋阳和风中从容欢愉的香山红叶，不就是先生吗？

致谢：中国水利水电科学研究院水资源所副所长于福亮教授提供资料和照片，并审读全文；参考和引用了《水利与创新——叶永毅选集》(中国水利水电出版社，北京，2001)。

▼ 纪念叶永毅先生

1. 在广州与北京水文所同事合影，自右起依次：沈玉贞、谭维炎、叶永毅、刘国纬
2. 在三峡工程论证考察船上，自右依次：叶永毅、李士豪、谢家泽
3. 和夫人高立冬、于福亮副所长等庆贺八十大寿

纪念华士乾先生[*]

2002年7月25日是我国著名水文学家华士乾教授逝世一周年纪念日，我们深深怀念他，崇敬他。

华士乾教授生于1921年10月10日，江苏无锡人。1948年毕业于中央大学土木工程系。1950~1977年先后在全国水文资料整理委员会、南京水利实验处水文研究所、水利(电力)部水文局、淮河水利委员会任职。1977年10月奉调南京筹建水利部南京水文水资源研究所，历任副所长、总工程师、咨询等职。华士乾教授还是南京大学、河海大学兼职教授，中国科学院地理研究所兼职研究员，国家科委水利工程学科组专家，电力工业部科学技术委员会委员，中国国际工程咨询公司首任专家等。先后担任过中国水利学会、中国地理学会水文专业委员会理事、副主任等职。半个多世纪以来，华士乾教授在水文水资源领域做出了开拓性贡献。

华士乾教授是我国水文预报事业的奠基者之一，他是水利部水文局水文预报研究室第一任主任，由他主编的《洪水预报方法》是我国最早的水文预报专著之一，并先后被译成俄、朝、越等多种文字。1954年江淮发生20世纪以来特大洪水，在洪水位逼近荆江大堤堤顶、武汉市面临严重洪水威胁的关键时刻，他及时、正确地作出了沙市最高洪水水位预报并为中央防汛决策采纳，避免了荆江分洪，不仅使武汉市转危为安，而且确保了荆江分洪区千万亩良田和几百万人民的安全，受到了周恩来总理的接见和表彰，为嘉奖他的重大贡献，水利部授予他水利部劳动模范，国家于1956年和1957年先后授予他"全国先进生产者"、"全国青年社会主义建设积极分子"称号，并出席全国第一届群英会。

华士乾教授在水文学基础理论研究方面做了许多开拓性的工作。他主持的"流域产流计算数学模型研究"获得1988年度国家科学技术进步三等奖。他和顾慰祖教授共同规划和主持建设的"滁州径流实验基地"是我国当时设备最先进的水文科学基础实验基地，在径流形成理论和同位素水文学等领域取得了一批重要成果。

华士乾教授在20世纪80年代中期已敏锐认识到我国水资源短缺的严峻形势，以极大的热情和精力投入水资源利用研究。他主持的国家"六五"科技攻关项目"北京市水资源系统分析及其数学模型的研究"，是我国最先利用系统分析理论与方法进行水资源系统优化配置的研究成果，获得了1990年度国家科技进步二等奖。由他主编的《水

* 本文原载《水科学进展》. 2002，13(4).

资源系统分析指南》在国内水资源系统规划、运行、管理等方面被广泛应用。

华士乾教授在水利规划、防洪、国家重大水工程建设等方面也倾注了大量的心血。他参与主持了淮河流域规划、国家"七五"科技攻关项目"长江防洪系统研究"。作为专家组成员，为长江三峡工程防洪和水位论证工作做出了贡献。

1977年，华士乾教授受命筹建水利部南京水文水资源研究所并任副所长。该所由建所初期10余人发展到100余人，成为国家水文水资源领域最重要的科研力量之一。他作为《中国大百科全书·水文科学》编辑委员会副主任和《综论》部分的主编，主持编撰了《中国大百科全书·水文科学》。他还参与主持编撰了《中国水利百科全书(水文水资源卷)》，《中国农业百科全书(水文水资源分支)》。他以南京水文水资源研究所为依托，积极开拓水文国际合作，于20世纪80年代主持了"中美双边水文极值洪水研究"，与美国加州大学(伯克利分校)合作并得到美国科学基金的支持，他主持的"水电站群与火电站群联合实时优化调度研究及实际应用"项目，获得了美国土木工程学会水资源规划与管理奖，并多次应邀在美、英、爱尔兰等国讲学和合作研究。

1988年，正当华士乾教授步入事业又一高峰的时刻，因脑血栓不得不终止了攀登的脚步，直到逝世。

华士乾教授一生勤奋耕耘，写下了百余篇论文，主编了五本专著。他关心青年人的成长并培养了多名研究生。他思维敏捷、知识渊博、平易近人。我与华先生共事20余年，在他担任南京水文所总工程师的时候，我作为他的助手，担任副总工程师，受到他的教诲。他是我的良师益友，我们永远怀念他。

致谢：华士乾先生之女华坚教授、陈道弘先生之子陈信华先生、南京水科院刘九夫所长、河海大学朱元生教授提供照片。

▼　纪念华士乾先生

1. 考察水文仪器，自左起：赵珂经、华士乾、陈道弘、徐贯午
2. 1981 年在美国访问，前排自左起：陈道弘、华士乾、徐贯午

▼ 纪念华士乾先生

3. 1984年率团访问美国地质调查局时在野外查勘，自右起依次为朱元生（生生）、华士乾、胡四一和美方陪同人员
4. 与夫人潘明华
5. 全家合影

纪念叶秉如教授*

　　叶秉如教授是我国著名水文学家，现代水利计算及规划学科方向的主要开拓者之一。

　　叶秉如1922年3月14日出生于浙江省余姚县。1941年9月至1944年10月在重庆中央大学水利系学习，1944年11月在重庆参加"中国青年远征军"，派赴缅甸与日寇作战；1945年8月回到中央大学水利系继续完成学业，1949年7月毕业，获学士学位，同年留校任教。1949年7月至1951年7月任南京大学水利系教师。1951年8月至1955年11月作为研究生在莫斯科苏联科学院水利研究所(现水问题研究所)从事学习与研究，获副博士学位。1955年12月回国，到华东水利学院(现河海大学)任教，历任水文系副主任、副教授、教授、博士生导师，至1992年7月离休。于2013年10月18日在南京逝世。

　　叶秉如教授于1981年成为国务院任命的首批博士生导师。曾先后担任全国水力发电工程学会理事、全国水利经济研究会理事兼系统工程学组副组长、国家能源研究会华东区委员会委员兼水能组副组长、国际水资源协会(IWRA)会员等。

　　叶秉如教授长期从事水利计算及规划、水资源系统分析研究，先后赴苏、美、德、日、西班牙等国考察与讲学，在该学科领域有精深的造诣。20世纪50年代初，他立足国内水文特点和对水利计算的迫切需求，引进苏联和欧美当时的科研成果，创建了我国水利计算及规划学科的框架。接着他根据国家大量水库兴建与调度运用的需求，不断以新的研究成果丰富框架的内涵，为促进水利计算及规划学科在我国的形成与发展做出了开拓性的贡献。

　　他提出了并联水电站水库群年最优调度的动态解析法，该解法以古典最优化方法为基础，结合递推增优计算，在闽北水电站水库群优化调度的模拟计算中可增加发电量6.6%。他从事线性规划问题的约束凸集的基本特性和耦合约束对解的影响的基本法则出发，提出一种可直接从子问题的解推求有耦合约束时的线性规划问题的最优解的途径——最小减优率法。他提出了水库群优化调度的一种空间分解算法，并将多层动态规划法和空间分解法分别用于研究红水河梯级水电站水库群的优化调度问题。他根据最小减优率法的基本思路和二次规划问题解的一般特性，提出一种有较高效率的求解大型二次规划的分解算法。他还提出了多目标二次规划问题非劣解集的理论生成方

　　* 本文原载《水科学进展》. 2014，25(5).

法，并给出了目标平面非劣解集的解析表达式。他用理论生成法方法，并结合理想点法求得最佳协调解，同时应用权重法和方程组法对三峡水库的防洪、发电、航运及上游淹没等目标进行死水位和防洪限制水位的优选取得良好效果。

20世纪80年代初期，叶先生开始关注水资源大系统优化规划问题。他一方面翻译了约80余万字的国外文献，将国外这一领域的最新成果介绍到国内，同时开展了深入的研究，发表了如《水资源优化规划的几个数学问题》、《大系统分析和多目标规划的理论与方法》等一系列高水平论文，在该领域起到引领和推动作用。

叶秉如教授在我国高等学校《水利计算及规划》课程体系建设中做出了奠基性和开拓性的贡献。20世纪50年代初，他率先在华东水利学院水文系开设并主讲"水利计算及规划"课程。他为该课程设计的"径流调节计算"、"水电站水能计算"、"水库洪水调节计算"、"水库综合利用水利计算"、"水利工程经济分析"等章节，从而构建了该课程的基本框架，他的讲义成为当时全国高等学校的统一教材。后来在此基础上教材内容不断充实和拓展，由他主持编写了《水利计算及规划》、《综合利用水库调度》、《库群调度数学规划》、《大系统分析和多目标规划理论与方法》、《水资源系统优化规划和调度》等7部公开出版的高等学校教材，其中《水利计算及规划》被收入《世界百科名著大辞典》。

叶秉如强调教学要与科研紧密结合，及时将最新的科研成果充实到教材中，因此他讲课的内容博采众长，融贯中西，富有自己的研究成果、见解与心得，及时反映了当时学科的前沿。

叶先生重视学科团队建设，他在河海大学从事水利计算及规划教学达半个多世纪，培养了一批又一批骨干教师和30多位博士与硕士研究生，使河海大学始终保持着一支科研教学水平高、充满活力的水利计算及规划学科的教师和科研团队。叶先生长期担任水文系副主任，他协助刘光文教授建立了水文专业教学体系和水文学科的基本框架，曾被授予全国水文先进工作者等荣誉称号。

叶先生严于律己，以身作则。在一次面对《河海大学报》的采访中，他谈到："作为一名教师，在思想上要树立为祖国教书育人的责任感；在品德修养上要诚信待人；在作风上要求真务实，一丝不苟；在学术上要勤于探索、勇于创新。"叶先生素来这样严格要求自己，他回忆道："一次带同学去福建省安沙水库实习，和同学们一起自带行李下工地，住在竹篱笆为墙的草棚里，一起搞野外测量，一起在草棚里做设计。"他还回忆起20世纪60年代为了选择教学科研基地，他和刘光文教授、施成熙教授、赵光恒教授等一起在鄱阳湖畔、宜兴山区、新安江上游、陈村水电站等地跋涉勘察时的情景。每当回忆起这些往事，他总是流露出喜悦、怀念和沉淀在岁月里的成就感。

我第一次见到叶秉如教授是1957年9月在华东水利学院水文系的迎新会上，系主任刘光文向新同学一一介绍各位教授，当介绍叶先生时，他起身微微点头，谦逊而儒雅，其实那时他还是只有35岁的年轻人！到大学三年级时他给我们主讲《水利计算及规划》课程，给我最深的印象是叶先生对学科方向与内涵的高度概括与把握。一次答疑时我问到水利计算及规划学科的形成和应用方面的问题，叶先生回答说："水利计算及规划归根结底是调节天然来水过程，使其满足人类需水过程的一种工具，由于天然来水过程与人类需水过程的不协调这一对矛盾始终存在，因此，水利计算及规划就会长期存在和发展。"叶先生的指点使我豁然开朗，让我后来能够站在一个新的高度去学习和理解水利计算及规划学科的任务、内涵与方法，也使我对这门学科有了浓厚的兴趣。叶先生非常勤奋，至今我还清晰记得他星期天总在图书馆伏案阅读和写作的情景。他是把毕生的精力和光阴都花在他的研究和教学上了。

叶先生住在南京山阴路32号，那是河海大学老教授们的住宅楼。每当我上下班路过那里时，我总会仰望那已经没有了往日摆放着多个花盆的阳台，心里浮起敬仰、惆怅和怀念。

致谢：河海大学研究生院常务副院长董增川教授、水文水资源学院党委书记陈元芳教授、副院长王建群教授和华熙老师提供资料和照片，并对文稿做了修改；参阅了《河海大学报》2005年10月20日牛俊的撰文《珍惜传统精神，创造更大辉煌——叶秉如教授回顾水文发展之路》。

江河之子

▼ 纪念叶秉如教授

1. 1952 年留苏期间与同学摄于莫斯科红场（右三）
2. 1984 年访美与苏联老教授合影（右一）

纪念叶秉如教授

3. 1998 年河海大学水文 58 级同学返校留影（前
排右五）
4. 1988 年 4 月在水库群联合优化调度鉴定会上
5. 2000 年与夫人秋游茅山

纪念钱宁院士

钱宁是我国著名水利学家，杰出的泥沙专家。

钱宁原籍是浙江省杭州市，1922年12月4日出生于江苏省南京市。由于抗日战争，钱宁的中学时代辗转在杭州(惠兰中学)、南京(金陵中学)、长沙(明德中学)和重庆(南开中学)度过，于1939年9月考入中央大学(重庆)土木系，1943年7月毕业留校任材料实验课助教。1947年初，钱宁考取当年全国只有一个名额的灌溉专业留美奖学金，于4月赴美就读于爱荷华大学水利系，师从该校著名流体力学家H·劳斯教授，于1948年7月获硕士学位，同年9月获加州大学伯克利分校全额奖学金并转入该校研究生院，师从著名流体力学和泥沙工程学家H.A.爱因斯坦教授，从事河流泥沙研究，于1951年8月获博士学位(博士论文"Investigation of the Maximum Equilibrium Rate of Bed Load Movement")。毕业后留校任工程研究所助理研究工程师、副工程师，主要从事泥沙工程学研究。

1955年6月，钱宁和夫人龚维瑶回到中国，是年9月任中国科学院水工研究室研究员。1958年随科学院水工室并入北京水利水电科学研究院，进入该院河渠所，并于1962年任河渠所副所长。1966年6月~1970年9月，钱宁在"文化大革命"中被划为"反动学术权威"，在北京水科院受到批判、抄家，后送往水利部河南省平舆"五七"干校劳动。1970年10月~1973年初，下放山西沂县地区水利局。1973年3月在周培源和张仁教授帮助下，从山西调到清华大学水利系任教授，主要在清华大学水利系三门峡基地工作。1976年"文化大革命"结束后，于1978年回到清华园，从事教学和科研工作，创建了水利工程系泥沙研究室并任主任。1986年12月6日在北京逝世。

钱宁于1978年10月在中国水利学会泥沙专业委员会成立时任执行副主任。1980年11月当选为中国科学院技术科学部学部委员(现称院士)。1983年7月任国际泥沙培训中心顾问、《国际泥沙研究》主编。1986年7月全国总工会授予钱宁"五一"劳动奖章。

钱宁在泥沙运动力学、高含沙水流、河床演变、黄河与长江治理开发等方面均做出了重大贡献。

在泥沙运动力学研究方面

钱宁继承和发展了H.A.爱因斯坦关于泥沙运动力学的理论体系。这一方面的成就概括在他与万兆惠合著的《泥沙运动力学》(科学出版社，1983，北京)。1999年美国土木工程师协会出版了该书的英文版。该书共十七章,前四章描述泥沙和水流的基本特性,接着八章讨论泥沙运动的基本概念,最后五章讨论特殊情况下的泥沙运动。在第五章中,作者清晰地阐述了将全沙分为床沙质与冲泻质的概念及其对于理解河床变化原因与水流挟沙能力的重要意义,而且基于对黄河华县、秦厂、泺口等河段水文测验资料和实验结果,提出了用床沙粒径的D_5代替原由H.A.爱因斯坦提出的D_{10}作为床沙质与冲泻质的鉴别指标,并且指出:运动泥沙和床沙交换的概念是普遍适用的,如果把床沙的组成也考虑在内,则所谓床沙质与冲泻质的运动规律没有质的差别(《钱宁论文集》,第321页)。第六章对床面形态及其变化规律给出了清晰阐述,给出了沙波稳定性解释和床面形态随水流变化的判别标准。第七章论述了冲积河流阻力,其中深刻揭示了黄河下游河道沙粒、沙垄、河岸及滩面、河槽形态等对总阻力的贡献,建立了统一水力参数(流量、含沙量)与曼宁系数(糙率)间的关系(《钱宁论文集》,第401~416页)。第八章讨论了泥沙起动和推移质运动的若干理论问题,其中钱宁的一项主要贡献在于修正了H.A.爱因斯坦建议的隐蔽系数,使其适用于非均匀沙。在第九章中,钱宁对国内外最常用的6个推移质输沙率公式进行了高度概括,指出他们全都可以转化为同样的无量纲参数组成的函数关系,并进行比较指出:从河床演变的实用观点来看,大部分公式差别并不大,但在水流泥沙很强时,H.A.爱因斯坦的公式所给出的推移质输沙率有可能偏小(《钱宁论文集》,第639~648页)。第十章讨论了悬移质运动。钱宁对于悬移质运动研究的重要贡献在于提出了不平衡输沙的概念,建立了适用于多沙河流的悬移质运动数学模型,并提出了有关泥沙运动的离散系数和扩散系数的研究成果。在第十一章中,讨论了来自流域与河道的总输沙率问题,亦即H.A.爱因斯坦提出的推移质和悬移质总和构成的总输沙率问题。这一章中最有价值的贡献,在于突出反映了中国黄河中游流域侵蚀及下游河道输沙的调查与观测数据,这对于世界泥沙科学界认识黄河泥沙问题有着重要的意义。第十二、十三和十四章讨论了泥沙的存在对水流的各种影响,例如,第十二章讨论了含沙量对于流速分布和阻力的影响;第十三章介绍了黄河中游高含沙水流中一些特有的现象,例如,"揭河底"现象等;第十四章介绍了中国多泥沙河流水库异重流的形成条件等。这些新事实及相应研究成果,提出了泥沙研究的新问题,开拓了泥沙研究的新领域,具有重要的学术引领作用。第十五、十六和十七章分别介绍了风成床面形态、波浪作用下的泥沙运动和泥沙的管路水力输送等问题,每一章的内容都新颖且资料极为丰富。

　　《泥沙运动力学》是钱宁1951年获得博士学位以后就计划要写的书,且在美国已拟定其中一部分章节。回国后经历各种政治运动,写作计划非但难以继续,且成了在历次政治运动中受到批判的一项罪名——"名利思想"、"崇洋媚外"。"文化大革命"结束后,迎来了知识分子的第二个春天。钱宁终于可以在清华园名正言顺地从事著述了,却又于1979年诊断身患肾癌。然而,正如钱宁在《一本书的遭遇》中自述:"我是不可能把它弃之若敝帚的。"他以顽强的意志,坚持研究和写作,终于在1981年11月29日完成了全部书稿。钱宁在《泥沙运动力学》的序言中写道:"回顾本书编写过程,握笔伊始，犹在华年，而今掩卷住笔，竟已白发苍苍。三十年沧桑经历了多少风风雨雨，此书方得以最后完成付梓。"钱宁后来在《一本书的遭遇》中回顾当时写这段序言时的心境时写道："写到这里，不禁热泪盈眶，是欢乐是悲怆也都说不清了。"叹哉！行文至此，我的泪珠也禁不住滴在了稿纸上。

在高含沙水流研究方面

钱宁是高含沙水流研究的先驱、开拓者和组织者。他把晚年的主要精力都用于高含沙水流的研究，从机理到应用，系统而深入的研究成果使高含沙水流理论成为泥沙运动理论的一个完整分支。

早在20世纪50年代，钱宁就意识到只考虑水流对泥沙颗粒的作用，不考虑泥沙颗粒的存在引起的水的物理性质的变化，在有些情况下可能会带来相当大的偏差。回国以后，他就开始浑水流变学的研究，并在河渠所组建了一个理论研究小组，一方面进行浑水流变学的理论研究，一方面进行近底层高含沙流层对水流影响的实验研究。这些研究初步揭示了含沙量对泥沙沉速的影响，且显示当含沙量超过一定数量后，进一步加大含沙量将使悬浮功(水流支持泥沙悬浮所付出的能量，即含沙量与沉速的乘积)减小而不是增大。这些事实的发现为进一步开展高含沙水流研究提供了重要启示和线索，钱宁深受鼓舞。接着，他敏锐地认识到，黄河高含沙水流是其他国家和地区所没有的，而且未曾被研究过，于是他怀着"走自己的道路，发展自己的理论"的抱负，开始了对黄河高含沙水流的研究。到20世纪70年代，钱宁已经形成了高含沙水流运动机理和基本模式的雏形("黄河的高含沙水流问题"，《清华大学学报》，1979年第1期)。20世纪80年代上半叶，钱宁在清华大学泥沙所开展了高含沙水流的系统、深入研究，包括：高含沙水流的黏性，高含沙水流中泥沙颗粒的沉降特性，天然河道和管道中高含沙水流的特性与规律等。这些研究取得了重要的成果，主要内容如下。

(1)建立了高含沙水流运动的模式，提出了层移质运动、中性悬浮质运动、接触质运动三种新的泥沙运动模式；指出黄河干支流的高含沙水流一般属于紊流型两相水流，其中水和中性悬浮质混合而成的浆液组成液相，推移质和悬移质组成固相；在细颗粒泥沙来量较多的地区，如渭河流域和洛惠渠，其流动属于伪一相流。

(2)揭示了高含沙水流的物理性质，主要包括：①流型，指出西北地区的高含沙浑水多数可以看成宾汉体或伪塑性体，是一种黏性与时间相关的流体；②黏性系数，给出了高含沙水流黏性系数的通用公式；③宾汉体极限剪切力，给出了形成宾汉体的临界含沙量和宾汉体极限剪切力的计算公式；④揭示了固体颗粒在宾汉体中沉降时阻力系数与雷诺数的关系，给出了高含沙水流中泥沙的沉降速度的计算公式。

(3)揭示了高含沙水流的流动特性，主要包括：①流速分布，指出紊流型两相高含沙水流的流速分布遵循对数公式，在层流区、光滑紊流区及粗糙紊流的过渡区均存在流核；②阻力损失，分别给出了伪一相流动、紊流型两相运动和层流型层移质运动的阻力的形成机理和计算方法及减阻问题。

(4)揭示了高含沙水流的运动机理，包括一般高含沙水流、稀性泥石流、黏性泥石流和水石流的运动机理。1984年钱宁对上述研究成果进行凝练，写出了《高含沙水流的物理性质、运动机理及生产中的应用》一书的详细编写提纲，并分别组织清华大学泥沙研究室撰写，由于疾病等原因，钱宁未能看到该书出版。值得欣慰的是，在1994年以钱宁与王兆印合著的《高含沙水流》已由国际水力学协会出版。

在河床演变学研究方面

钱宁在河床演变学领域做出了重要贡献，主要体现在以下方面。

(1)从江河治理的角度，明确定义了河床演变学是水利科学和地理科学之间的边缘学科；规定了河床演变学研究的目的和内容，即既要揭示天然河流的演变规律，又要阐明在河流上修建工程后所引起的河流再调整过程；建立了既基于流域自然地理和地质学知识认识河流形成与演变的宏观环境，又运用泥沙运动力学的知识理解河流演变的机理，这样一种宏观与微观、定性与定量相结合的研究方法论。

(2)建立了河床形态和河型分类的理论体系，他在大量实际资料和理论分析的基础上，根据河流形态特征、运动特征、稳定性、边界特征，给出了游荡、分汊、弯曲、顺直四种河型的分类依据(钱宁，"关于河流分类及其成因问题的讨论"，《地理学报》，1985年3月，第40卷第1期)。他指出"床沙质的相对来量和河岸的相对可冲刷性是河型形成中起决定作用的、擎领全局的因素"，对于河流整治有重要的指导意义。

(3)提出了冲击河流具有自动调整作用的概念。基于这一概念并运用有关河床演变知识和泥沙运动力学知识，揭示了水库上下游河道再造床过程的某些规律和河床形变计算方法。

(4)钱宁和张仁、周志德系统分析和凝练国内外关于河床演变的研究成果，并以自己的研究成果为主体，撰写出版了《河床演变学》(科学出版社，北京，1987)。全书计15章，分别阐述了流域与水系(第二章)、各类河流的河床演变(第三至第八章)、冲积河流的自然调整作用(第九至第十四章)和河床变形计算方法(第十五章)四大部分，是河床演变学领域具有权威性的经典之作。钱宁亲切地称《河床演变学》是《泥沙运动力学》的姊妹篇。

钱宁与黄河

钱宁为黄河治理做出了重大贡献。1955年钱宁刚回国时，谢家泽教授就安排他去看看黄河。他回忆说："记得那一年我的生日是在秦厂水文站度过的。那天晚上，月华如洗，在床上依稀听到黄河滔滔的水声。想到自己终于来到了黄河之滨，今后也许可能为黄河做点工作，不禁心潮澎湃，久久不能入眠。"(钱宁，《我与黄河泥沙研究》)是的，黄河是钱宁的祖国情怀和事业追求之所系，遵照他的遗愿，他的部分骨灰也由鲜花伴随于1986年2月

22日上午11时从花园口黄河大桥洒在了滔滔的黄河里，回到了黄河母亲的怀抱。

钱宁参加过两次黄河规划。他的研究工作主要是以治理黄河为出发点和落脚点，他在泥沙科学研究中揭示出的新事实，提出的新概念、新理论和新方法，大多源自黄河的启示和治理需求，他的研究成果为黄河治理提供了多方面的科学依据，其中关于黄河下游淤积的泥沙主要来自中游粗砂来源区的科学论断，更是对治黄战略有着突破性贡献。

1959年，钱宁应邀去花园口滩地观看一处挖掘中的唐朝墓。钱宁试图通过对墓碑基座高程与现代河床高程的比较，以判断花园口一带自唐朝以来的泥沙淤积量，可是却意外地发现，历史时期淤积的泥沙(河床深处的泥沙)要比现代黄河河床床面上的泥沙粗得多，这一现象引起了钱宁极大的注意。后来他进一步沿黄河下游河道调查，表明果真都是如此，且河床深处泥沙颗粒粒径大部分都≥0.05mm，钱宁将其称为"粗泥沙"。接着他利用20世纪50年代的水文泥沙观测资料进行的分析表明，黄河下游河道多年平均粗泥沙来量3亿~4亿t，占下游河道总来沙量的20%。由此钱宁做出敏锐判断："黄河下游河道淤积主要是粒径等于和大于0.05mm的粗颗粒泥沙形成的，为防止黄河下游河道淤积恶化，应着重控制这部分粗泥沙入黄河。"(钱宁，《黄河中游粗泥沙来源研究》)为了证实这一判断并找到粗泥沙具体来源区，钱宁做了两项重要的研究：其一，通过大量水文泥沙数据分析和实地调查，绘制出了黄河中游全沙和粗泥沙模数等值线图，并查明黄土高原各地泥沙的物质组成；其二，对三门峡水库建库后19年中黄河下游103场洪水逐场进行分析，得出有13场洪水来自粗泥沙产沙区，它们虽只占总洪水场次数的12.6%，但淤积量却占该103场洪水总淤积量的59.8%。上述的研究成果，证实了黄河下游河道淤积主要是粗泥沙形成的，并且找到了粗泥沙来源区，它们主要分布在黄河中游晋陕间支流、白云山河源区与六盘山河源区，面积约10万平方公里，其产生的入黄粗泥沙占黄土高原48万平方公里产生的入黄粗泥沙的80%，尤以其中的5万平方公里区域为甚，入黄粗泥沙占到黄土高原入黄粗泥沙总量的50%。

这一科学成果，对制定治黄战略有重要的、突破性的意义，对于认识黄河下游河道淤积规律和黄土高原的侵蚀特性也有重要的科学价值。因而，这项研究成果不仅已应用于水土保持的科学规划，而且获得了国家自然科学奖二等奖。

钱宁与长江及其他河流

钱宁对于长江葛洲坝枢纽工程和三峡工程的泥沙问题做出重要贡献。钱宁不仅直接指导了清华大学水利系于1973~1974年承担的"葛洲坝建库后库区水流及泥沙运动和淤积对航道的影响"大型模型试验，为葛洲坝建设提供了重要水沙科学依据，而且极富前瞻性的指出："葛洲坝水库是长江干流自己的水库，来水来沙条件和三峡差不多，基本上属同一类、同一数量级，地形上有很多相似之处，因此要加强天然河道观测和葛洲坝原型观测，深入分析已做过的模型试验资料。这必将对三峡工程的泥沙问题研究提供依据和更有代表性的资料。"(据长江流域规划办公室主任魏延铮文，"钱宁教授

对长江泥沙问题研究的贡献",《纪念钱宁同志》. 清华大学出版社，水利电力出版社，1987年)

钱宁对长江三峡工程提出了两点最重要的认识和建议：其一，他对长江三峡工程的正常高水位进行了深入的分析，提出以175m为好。主持长江三峡工程可行性论证的钱正英同志于2012年12月3日在"纪念钱宁同志诞辰90周年座谈会"上的讲话中说："三峡工程论证中最后采用了他所建议的175m蓄水位，而且已经连续成功试运行了3年，验证了他们当年的研究结论。"其二，钱宁指出："长江有一个很大的特点，即枯水流量非常之大，重庆寸滩站最枯流量还有2500m³/s，相当于黄河汛期的平常流量。单宽流量6~8 m³/(m·s)，断面单宽平均流速达2m/s以上，而长江很多资料表明，大量走沙正是发生在2m/s流速。"他以重庆上游猪儿碛河段为例，说明当嘉陵江发生洪水时，长江干流受顶托影响，回水最远可达嘉陵江汇入点以上100公里，河段淤积量约300万m³，但到汛后流速在2m/s时即开始走沙，在枯季可将汛期的淤沙基本冲光，他根据长江这种冲淤特点指出："三峡建坝形成水库后，通过调度运用完全可以控制淤积，趋利避害。"(据魏廷铮，"钱宁教授对长江泥沙问题研究的贡献"，《纪念钱宁同志》)这一结论与长江三峡工程论证泥沙组组长林秉南先生在2009年他未发表的论文中所指出的"要充分认识优化调度对减淤的重要性"的观点是完全一致的。钱宁这一论述的意义在于，找到了一条减轻三峡水库淤积、保持水库寿命的科学依据和技术途径。

钱宁对国内外各界社会人士对三峡工程的关注十分重视，专门撰文就三峡工程的泥沙问题进行了深刻的阐述(《人民长江》，1986年11月)，其中包括："三峡工程会因泥沙淤积而报废吗？"、"三峡枢纽的修建会使重庆港因泥沙淤积而变成死港吗？"、"三峡工程修建会把长江的防洪问题从下游转移到上游吗？"、"三峡枢纽的修建会引起长江口海岸线的大幅度后退和盐湖的严重内侵吗？"等公众最关心的热点问题。这篇论文不仅在科学层面有很强的说服力，更让我看到一位严肃的科学家对公众的尊重和对事业的强烈责任感。

钱宁对长江口、钱塘江口、珠江口和黄河口的演变与治理，对内蒙古、辽宁、新疆等地水库与闸坝淤积都给予了极大的关注，尤其对钱塘江口演变及治理更是进行了深入地研究。他与谢汉祥等共同发表的论文《钱塘江河口沙坝的近代过程》(《地理学报》1964年6月)，不仅揭示了钱塘江河口演变某些重要的规律，而且开创了泥沙运动力学与河流地貌学相结合的河口动力地貌学新领域，是河口研究的经典之作。

开拓泥沙科研事业

钱宁是中国泥沙科学事业的开拓者和推动者。他先后在中国科学院水工研究室、北京水利水电科学研究院河渠所、清华大学泥沙所组建了泥沙专业研究队伍；他培养了一大批泥沙专业研究人才，他们大都已是我国现代泥沙研究中的领军人物和骨干；他倡导了野外调查(原型观测)、实验研究(模型试验)和理论分析三结合的研究路线与方法；他大力且极有效地推动中国与各国泥沙科学交流；他创办《国际泥沙研究》等重要学术期刊。他几乎是全方位地奠定了现代中国泥沙研究的基础，把中国现代泥沙研究的科学水平提升到了国际领先的水平。中国泥沙科学拥有钱宁是幸运的。

1962~1966年，我作为北京水科院水文所资深水文学家林平一先生的助手，办公室与钱宁先生的泥沙实验室相距不足50m，时有见面，但并无业务联系。1975~1978年我在三门峡水电部第十一工程局勘测、设计、科研大队水文组工作，当时清华大学水利系在三门峡设有教学基地，钱宁自山西调入清华后也在三门峡教学基地工作。由于在同一地点且都做三门峡水库改建的水文泥沙研究，曾有机会聆听钱宁的学术报告，但接触机会也不多。然而，有一件事钱宁给我留下的印象极为深刻。那是1968年秋冬之交，当时"文化大革命"批斗"走资派"和"牛鬼蛇神"的风暴已渐渐退去，北京水科院"革委会"组织"反动学术权威"们政治学习，我和几位年青同志作为"掺沙子"被安排与他们一起学习，学习的内容就是《毛泽东选集》和《毛主席语录》。钱宁的发言总是能自如地运用《毛主席语录》和《毛泽东选集》中的段落，并带有深刻而富有见解的体会，可以看出他是认真研读了毛主席的著作的。在联系思想和"自我批判"时，他总能把毛主席对水利的论述和水利对社稷的重要性以及新中国的水利成就紧密联系起来，他多次引用"国家兴亡，匹夫有责"来表明自己要努力为中国水利事业效力的心声。他的发言语调平稳而从容，逻辑性很强，神情淡定，不卑不亢，好像在他心中有一个定中的秤砣。每次听他发言，我心中总是升起敬意。现在我才体会到，他心中的秤砣，就是他对国家的情怀和对事业的追求，那颗永远不变的心。1981年6月，钱宁同志加入中国共产党，他感言自己"历尽沧桑获得了一个真理"。他在对清华同学演讲时说："中华人民共和国是我们每个人的，不要发牢骚，大家要同心同德，努力工作。我们的国家，我们的民族是大有希望的。"多么朴实却感人肺腑！他一直在为心中的希望奋斗着。正如钱正英同志在纪念钱宁的文章《生命就是奉献》中所说："这颗纯真的科学家的心脏还在祖国的大地上跳动，他的呼吸还在随着祖国的江河起伏。用什么来概括这位科学家的一生呢？透过我自己和其他许多同志的泪花，映现六个大字：生命就是奉献。"

致谢：水利部汝楠同志、中国水利水电科学研究院李锦秀处长提供资料；参阅了钱宁、万兆惠《泥沙运动力学》；钱宁、周文浩《黄河下游河床演变》；钱宁、王兆印《高含沙水流》；《钱宁文集》；《纪念钱宁同志》。

▼ 纪念钱宁院士

1. 1955 年在美国加州大学伯克利分校钱宁自己设计的实验场地
2. 1979 年讲授泥沙运动力学
3. 1981 年在瑞典斯德哥尔摩出席世界大坝会议第 49 届执委会会议 (左二)
4. 1983 年与清华大学泥沙研究室同事讨论工作 (左二)

▼ 纪念钱宁院士

5. 在北京中山公园
6. 在病中工作
7. 1986 年与女儿在北京医院
8. 1985 年最后一次住院前在与夫人龚维瑶在公园

纪念冯尚友教授[*]

冯尚友教授是我国著名水资源学家。

冯尚友教授于1923年3月7日出生在河北省抚宁县。1948年6月毕业于北洋大学水利系，随即赴绥远水利局工作。1950年起先后任教于天津大学水利系和武汉水利电力大学，其间于1956~1958年随中国教育代表团赴越南任教，1960~1962年赴前苏联莫斯科动力学院进修。1999年3月7日于深圳逝世。

冯尚友教授从事水文、水资源教育半个多世纪。他于20世纪50年代组建了武汉水利电力学院水利计算教研室，20世纪70年代组建了水资源教研室和水资源研究室，1982年主持设立了水资源规划及利用本科专业。冯尚友教授于20世纪60年代即开始招收硕士研究生，1984年开始招收博士研究生。半个多世纪以来，冯尚友教授讲授了十余门课程，编写了几百万字的讲义，主要有《系统工程》、《多目标决策》、《水资源系统工程》、《生态经济系统》、《水资源持续利用》等。

冯尚友教授长期从事水资源领域的科学研究。20世纪60年代主要从事水能利用和水电站经济运行研究，20世纪80年代他率先在水利水电领域开展多目标决策理论与方法、多目标递阶分析及其应用研究。从20世纪90年代起，他全身心投入生态经济复合系统和水资源可持续利用研究，这些研究成果分别获得电力部、水利部、教育部科技进步一、二、三等奖。冯尚友教授著述丰厚，一生发表论文百余篇(其中1/3为独撰)，参编了《水电站经济运行》、《水资源系统分析指南》等多种全国高等学校通用教材，出版了《多目标决策理论、方法及应用》、《水资源系统工程》等专著，另一本专著《水资源持续利用管理导论》也已在逝世前脱稿。

冯尚友教授治学严谨勤奋，淡泊名利，为人正直。他用自己半个多世纪的心血，浇灌了满园桃李，留下了丰厚的学术遗产。我们永远怀念他。

致谢：梅亚东博士提供资料和照片，并审读全文。

* 本文原载《水科学进展》. 2004，15(3).

▼ 纪念冯尚友教授

1. 在博士学位论文答辩会上（右二）
2. 作学术报告
3. 1997 年在西安水库调度规范审查会合影（前排左三）

纪念龙毓骞先生[*]

龙毓骞先生离开我们五年了，我一直想着要写篇文章纪念他，可是拖到了今天，心中感到格外愧疚。龙毓骞先生祖籍湖南省攸县，1923年7月出生于上海市，1944年中央大学土木系毕业，1947年赴美国爱荷华大学水利系学习，获水力学硕士学位。1948年夏至1949年11月获加州大学伯克利分校奖学金，师从著名物理学家爱因斯坦(Albert Einstein)之子、国际泥沙科学权威汉斯·爱因斯坦(Hans Albert Einstein)从事泥沙研究，与钱宁在美国加州大学伯克利分校求学时是师从同一导师的同窗。1949年12月回国。回国后，先后担任天津水利工程总局副工程师、副科长、官厅水库管理局工程师等职。

1966年2月调入黄河水利委员会，先后担任三门峡水文总站工程师，黄河水利委员会水文处主任工程师，黄河水利科学研究所副所长、所长，黄河水利委员会总工程师，科学技术委员会顾问等职。

龙毓骞先生是我国著名泥沙专家，为中国泥沙科学和黄河等多沙河流治理开发与利用做出了卓越贡献。

龙毓骞是中国现代泥沙测验的奠基者和开拓者之一。于1953年在永定河建成的官厅水库是新中国成立后最早建成的大型水库，但随之泥沙淤积严重，是年龙毓骞开始主持官厅水库的泥沙测验。新中国成立伊始，河流、水库泥沙测验几乎还是空白，龙毓骞利用在美国所学的泥沙知识，结合永定河与官厅水库的特点，建立了官厅水库泥沙测验系统。他提出了断面布设的原则和选定垂线、测点位置与施测次数的方法，研制了积深式采样器和调压积时式采样器以及推移质采样器，采用比重计法和他在美国使用的悬移质沙样底漏管分析方法进行泥沙颗粒级配分析，并且提出了泥沙测验资料整编方法。在这些工作的基础上，龙毓骞主持编制了《官厅水库泥沙观测规范》。这些工作为新中国后来制定泥沙测验规范奠定了基础。

泥沙颗粒级配分析是泥沙测验和分析的重要内容。在新中国成立前，泥沙颗粒级配分析均采用土工试验分析方法，远不能满足河流泥沙颗粒大小悬殊、级配宽广、分析数量大等要求，1973~1977年龙毓骞担任水利部水文局泥沙测验工作组组长期间，主持研制成功GDY-1型光电颗粒分析仪，其精度、稳定性、灵敏度都达到当时国际先进水平，在全国水利行业推广，为实现泥沙颗粒分析自动化打下了坚实的基础。

* 本文原载《水科学进展》. 2012，23(6).

龙毓骞先生是中国水库异重流研究的开拓者。早在1953~1956年，他就在官厅水库采用由他提出的异重流观测方法对多场入库洪水的异重流进行了多角度、全方位的观测，使中国第一次在原型入库水流中观测到了完整的异重流现象和全过程。基于大量的观测事实和理论分析，他揭示了潜流型异重流的形成条件、形态特征、运动规律、含沙量垂线分布和颗粒级配特征，指出潜流型异重流具有缓变不均匀流的特征，并给出水库异重流水力因子沿程及随时间变化过程的图形和函数形式。他指出："潜流型异重流具有一般受重力作用水流的特征。"为开拓异重流模型试验提供了理论基础，为在多沙河流上兴建水利枢纽的规划、设计及运行提供了重要的分析工具。他还深入研究了水库异重流的排沙效果，指出："在闸门开启程度足以使异重流保持在畅流状态的条件下排出水库，则在洪水时期通过异重流排出的泥沙可达全部进库泥沙总量的20%以上。"

龙毓骞先生对黄河输沙能力和三门峡水库泥沙问题进行了长期深入研究。他率先建立了黄河中下游泥沙资料数据库；利用中下游河道的实测水沙资料对国内外常用的多个输沙能力公式进行了系统的检验与分析，指出这些公式皆以能量损耗原理为基础，使用中必须根据具体河道和水沙条件进行参数修正和检验。他揭示了含沙量和颗粒级配以及清水与浑水水流阻力特性的差异是影响黄河下游河道输沙能力的重要因素。他深入分析了按不同粒径组分别计算输沙能力和高含沙条件下输沙能力计算问题，并据此建立了黄河下游河道输沙能力计算公式，在泥沙研究和实践中得到广泛应用。

龙毓骞在三门峡库区水文总站工作期间，系统进行了三门峡水库泥沙问题研究，主持并完成了《黄河三门峡水库的泥沙问题》、《三门峡水库潼关河床高程变化分析》、《潼关断面高含沙量河道异重流现象》等多篇论文。他在这些论文中指出："潼关高程上升，在建库前是由于来水来沙在上游淤积发展的结果，建库后则主要是由于抬高了侵蚀基面，水库运用产生溯源淤积的结果。因此，今后欲使潼关高程不再上升，则必须依靠溯源冲刷和库区沿程冲刷。因此，在现有来水来沙条件下水库必须有一定的泄流规模，才能保持足够的输沙比降，这个比降不应小于2.3‰。"这一结论为三门峡水库改建和汛期敞泄运用方式提供了依据。在黄河开发治理方面，龙毓骞提出"要以水养河、以河输水、以水输沙"、"要实现全流域水沙调节"、"在保证有足够泄洪排沙能力的条件下，在多沙河流上修建水库依然是可行的"。这些研究结论和见解，对黄河开发治理有重要的价值。

龙毓骞先生为推动中国与外国泥沙科学领域的交流做出了重要贡献。他曾担任世界气象组织报告员，编写了《河流泥沙测量方法手册》，并由世界气象组织出版。曾担任水利部中美地表水科技合作协定附件四：泥沙项目中方负责人，推动了中美悬移质与推移质采样器的比测和新型推移质采样器的研制。应美国垦务局邀请赴美做关于黄河治理及泥沙问题报告，应巴西电力公司邀请主讲中国泥沙测验的方法与经验，均受到高度评价。他先后在国外期刊和会议发表泥沙研究论文36篇，同行称龙毓骞是中外泥沙科学交流的使者。

龙毓骞治学严谨。他特别强调野外观测、获取第一手资料的重要性，多次指出："野外泥沙测验是认识河流自然规律的主要手段。"为了揭示官厅水库异重流的形成、运动规律，他常年参加在测船上测流取样的全过程；为了揭示三门峡水库淤积特点，他冒着严寒到滩区没膝的淤泥中去抛投浮标，获取水样和沙样；为了检验国内外输沙率公式在黄河的适用性。他建立了专用的实测水沙资料数据库作为基础依据。他凡事一丝不苟，1996年我和龙毓骞负责撰写《中国水文志》第七篇"水文科学研究"，在梳理泥沙研究大事记时，他对每一事件都必须查明原始出处，实在查不到的，至少要找到3个以上的旁证材料；在他撰写的第三章"泥沙研究"中，对每一项科学成果、技术进步和代表人物的评议，都反复推敲，做到客观精准。他说："《中国水文志》不同于一般论文，是要对事业和后人负责的。"

龙毓骞谦逊朴实，淡泊名利。作为早年留美回国和当代资深泥沙专家，他完全有机会在最高科研机构和高等学府从事条件优越的研究活动，可是他却数十年如一日坚持在第一线。他获得过黄河水利委员会劳动模范、水电部特等劳动模范，1979年8月国务院授予他"全国劳动模范"，1985年全国总工会授予他"五一劳动奖章"，他有着诸多的专业头衔，获得过多项科技成果奖，可是当朋友们向他提到这些时，他只是淡淡地一笑。是的，对于龙毓骞来说，最令他牵挂和执著奉献的，唯有泥沙科学，唯有黄河。

龙毓骞对事业鞠躬尽瘁，呕心沥血，这种执著来源于他对黄河深深的眷恋，来源于他对祖国深深的爱。1949年冬，他毅然中断在美国加州大学伯克利分校的学业，放弃即将获得博士学位的机会，迎着五星红旗回到祖国，投身新中国的水利建设。"文化大革命"期间，他被打成"反动学术权威"，承受了巨大的精神和身体折磨，平反后他一如既往地忘我工作。2006年11月30日，龙毓骞走完了他一生矢志不渝的人生之路，人们按照他生前的夙愿，于12月21日用五彩花瓣伴送着他的骨灰，缓缓洒进了黄河里。群山肃立向他致敬，大河滔滔为之动容。

龙毓骞在加州大学期间，他的导师汉斯·爱因斯坦不经意把他的名字"Yu—qian·Long"误叫成"Yellow River·Long"，从此龙毓骞有了一个新的名字"黄河龙"。是的，龙毓骞就是黄河之龙，他没有远去，他依旧日夜依恋和守护在母亲河的身边。

致谢：黄河水利委员会总工程师办公室刘斌处长审读全文并提供资料；参阅了陶小军同志的文章"黄河·龙的泥沙人生"、《龙毓骞论文选集》(黄河水利出版社，郑州，2006年)；龙毓骞之子龙虎同志提供照片。

▼ **纪念龙毓骞先生**

1. 1953 年在官厅水库主持泥沙研究
2. 2001 年黄河小浪底水库建成泄流时与龚时炀等合影 (左二)
3. 华盛顿故地重游

▼ 纪念龙毓骞先生

4. 2004 年在开封国际水利论坛上作学术报告

5. 1994 年与夫人合影

6. 在小浪底库区黄河公路大桥上

纪念何孝俅先生

何孝俅是我国著名水利规划专家。

何孝俅是福建省福州市人，1923年8月27日出生于福州市。1949年5月毕业于上海交通大学土木工程系水利组。1949年秋~1951年先后在苏北行署水利局和官厅水库工程处任工程员和助理工程师，从事河道测量与水工设计工作。1951~1953年任水利部华北水利工程局助理工程师，从事水利规划工作，从此与水利规划结下不解之缘。1953~1957年任水利部设计局、水利部北京勘测设计院水利规划专业工程师，1957~1964年任水电部北京勘测设计院水利规划专业总工程师，1964~1977年先后任水电部海河勘测设计院、国务院治淮领导小组办公室、水利部淮河水利委员会规划专业总工程师，1977~1992年先后任水电部规划设计管理局、水电部水利水电规划设计总院水利规划专业副总工程师，期间于1988年5月晋升为教授级高级工程师，1992年退休。2014年3月2日在北京逝世。

何孝俅曾任国际咨询公司专家委员会委员、清华大学水利系兼职教授、中国水利学会第1、2届规划研究会副主任委员。

何孝俅见证了新中国水利规划事业发展的全过程，主持和参与了许多重大水利规划。20世纪50~60年代，他参与主持了海河流域规划、海河流域防洪规划和海滦河规划的编制。在海河规划中，他提出了扩大大清河下游、潮白北运河下游和漳河下游的泄洪方案，并配合官厅水库工程规划编制了永定河综合规划。在他主持下，于1957年提出了《海河流域规划报告》、1958年提出了《滦河流域规划报告》。1963年海河流域发生特大洪水后，又及时对海河流域规划进行补充修订，提出了《海河流域防洪规划报告》。在20世纪70年代，何孝俅参与主持了淮河流域规划的编制。原治淮委员会曾于1956年提出了《淮河流域规划报告》和1957年提出了《沂沭泗河流域规划报告》，但后来的实践表明，当时的规划标准偏低，包括中游临淮岗控制工程等许多涉及治淮全局的工程未能实施，1958年"大跃进"时期"以蓄为主"的规划思想违背了"蓄泄兼筹"的治淮方针，以致淮河中下游洪涝形势更加严峻。为此国务院于1969年10月成立以李德生为组长，钱正英等5人为副组长的"治淮规划小组"，水电部责令海河勘测设计院调集30余人组成治淮规划组(1971年7月成立"治淮规划小组办公室"，1977年5月恢复原水电部治淮委员会)。何孝俅作为技术负责人(时任规划专业总工程师)，参与主持了这一阶段治淮规划的编制。他根据国务院治淮规划小组制定的规划原则和目标，在抓紧编制骨干工程配套、治理中小河流规划的同时，着力制定修建一批扩大淮河、沂沭泗河干流洪涝出路的战略性大型骨干工程规划，使淮河干流淮滨至王家坝河段排洪能力从4000m³/s扩大到7000m³/s，史河口至正阳关排洪能力由6000m³/s扩大至10 000m³/s，涡河口到洪泽湖排洪能力由13 000m³/s扩大到16 000m³/s，洪泽湖入江入海排洪能力扩大到22 000m³/s，同时安排扩大南四湖洪水出路和沂沭泗河洪水出路的工程规划。这一规划基本经受住了1975年8月洪汝河、沙颍河特大暴雨洪水的考验。20世纪80年代，何孝俅根据社会经济发展需求和生态环境的变化，继续指导对《海河流域规划》与《淮河流域规划》的修订与补充工作，同时关注与主持对其他江河流域规划的审查。20世纪90年代以来，何孝俅参与和指导了全国防洪规划、七大江河防洪规划以及全国水资源规划的审查，发挥把关和指导作用。1988~1991年，他作为中方技术负责人，主持编制了《孟加拉国境内布特拉马普拉河防洪与河道整治研究报告》。

20世纪80年代以来，何孝俅作为主编，主持编制了我国多部重要水利规范，主要有：《江河流域规划编制规范》(1996年颁布)、《水利项目水利经济评价规范》(1995年颁布)、《水利经济计算规范》(1989年颁布)等。

何孝俅亲历了新中国成立以来水利规划事业的发展历程。他在专著《中国江河综合规划》(钱正英主编《中国水利》第十五章，水利电力出版社，北京，1991年)和论文《我国水利规划工作综述》(《水利学报》1985年6月)中，将全国江河规划工作划分为四个时期。第一时期——20世纪50年代初期，主要进行江河规划准备工作，包括大江大河历史水文资料整编和水文站网规划与布设、河道查勘、流域地形测量和地质勘探等；第二时期——20世纪50年代中~50年代末期，主要进行七大江河流域综合规划编制，《黄河综合利用技术经济报告》、《长江流域综合利用规划要点报告》、《淮河流域规划报告》、《海河流域规划报告》等都是在这一时期编制完成的；第三时期——20世纪60年代~20世纪70年代末，主要在第二阶段编制的流域综合规划的基础上，转入近期方案和工程项目规划。在此时期，由于海河流域1963年8月发生了特大暴雨洪水和淮河支流洪汝河、沙颍河1975年8月发生了特大暴雨洪水，也由于"大跃进"和"文化大革命"十年动乱的影响，因此对第二时期流域综合规划进行了重大修订与补充；第四时期——20世纪70年代末期以来，江河规划进入了重新认识和重新研究的新时期。这一时期注重对国内江河规划经验的总结和对国外江河规划的研究，根据新时期国家发展需求，自20世纪80年代起，开展了新一轮规划修订工作，并开展了全国和七大江河防洪规划、水资源规划等专项规划的编制与审查工作。

何孝俅对我国水利规划在理论与方法层面的基本经验与特色进行了系统总结，主要包括规划思想、综合治理与开发措施、水利计算方法、水资源供需分析、水利经济计算方法与评价、环境影响评价、江河综合规划系统分析7个方面。他指出，我国在规划思想方面的基本经验，在于正确处理以下七个方面的关系：①水利建设与国土整治全局的关系；②各项规划任务间的关系；③上下游、左右岸、各地区、各部门间的关系；④需要与可能、近期与远期的关系；⑤干支流治理与面上治理的关系；⑥各项治理措施之间的关系；⑦江河治理开发与生态环境的关系。他指出，我国在综合治理与开发措施方面的基本经验在于：①从国家、地区的生产力布局出发，研究江河治理开发的总体布局；②江河治理开发中多种措施相结合；③洪涝综合治理；④旱涝渍碱综合治理；⑤工程的综合利用；⑥多沙河流上多途径处理与安排泥沙；⑦江河治理与航运、围垦、血防灭螺等其他涉水方面相结合。

何孝俅在水利计算和水利经济计算方法与方案评价方面做出了重要贡献。他提出了线性规划列表分析方法、改进了基于数理统计的保证率曲线确定方法、水库梯级调节计算方法以及水利计算中的多目标分析方法等，在我国水利计算应用中取得良好效果。他在总结以他作为主编，主持编制的我国《水利经济计算规范》(1985年颁布)的编制经验时指出："水利经济计算就是费用效益分析在水利中的具体应用，费用效益分析的实质就是资源的有效分配分析，必须体现他们真正的社会价值，最佳方案应是各比较方案中能使国家获得最大净效益的方案。"(何孝俅，"水利经济规范编制中的几点体会"，《中国水利经济研究会文集》，1987年)。他还提出了一套比较完整的工程效果评价方法。何孝俅的这些看法是对我国水利经济计算在理论与方法上的总结，对指导我国水利经济计算与评价工作有重要指导意义。

何孝俅对我国江河存在的问题及进一步规划的要点有精深的见解。他指出：长江的规划在防洪方面要坚持"蓄泄兼筹、以泄为主"的方针，要求做到遇大洪水能保证大中城市和主要平原湖区安全，遇特大洪水有可靠的临时紧急措施，避免毁灭性灾害。在干支流梯级工程与水电开发方面，金沙江宜宾至石鼓段宜规划溪洛渡、向家坝等9级，雅砻江宜先规划中下游锦屏至渡口段共8级，岷江沙坝以下规划10级，大渡河独松以下共规划16级；嘉陵江规划亭子口、合川2级；乌江干流规划彭水等9级，此外还有清江、洞庭四水、汉江和赣江多级。在航运方面，上游兴建水利枢纽、渠化河道、淹没滩险、扩大水域尺度，中下游疏浚整治、稳定河势、改造支汊、固定岸线，开凿新运河，使长江水系干支互通，江河湖泊相连，逐渐形成四通八达水运网。在南水北调方面，他建议规划调水680亿m³，约占长江入海水量的6.8%，在做好中东西线工程与方案基础上，也要考虑从安徽省境调长江水过江淮分水岭的引江济淮调水线路。他指出：黄河规划主要任务是，提高黄河下游防洪能力，规划在干流修建龙门、碛口和沁河河口村水库；治理水土流失；合理开发水资源；多途径、多层次地处理和利用泥沙。他对淮河、海滦河、珠江、内陆河等水利规划要点也给予了清晰的表述(《中国的江河综合治理》，钱正英主编《中国水利》第十五章，水利电力出版社，北京，1991年)。

何孝俅对水利规划技术和治理的发展有深入研究，他把规划实践中得到的认识概括为理论，把经验凝练成方法，把水利规划上升为一门学科。在我国，他和胡训润最早提出"水利规划作为水利科学中的一个独立分支"的看法(何孝俅、胡训润，《水利学报》，1985年8月)，而直到1991年出版的《中国水利百科全书》的"水利科学"条目中，尚没有如此明确的表述。他指出：水利规划是国家战略规划的组成部分，服务于国家规定的战略目标。江河综合规划是各类水利规划中最高层次的规划。他系统阐述了水利规划作为一门学科的形成过程，并将近代水利规划学科的发展过程分为三个阶段：

第一阶段为20世纪30~40年代，开始形成较为系统的江河规划理论，以1928年编制的美国密西西比河开发治理规划为标志；第二阶段为20世纪40~60年代，规划技术与方法有长足的进步，数学规划方法和数学模型应用是这一阶段标志性的技术突破；第三阶段为20世纪70年代以来，这一阶段的最大特点是，基于人口膨胀、能源危机、资源枯竭、生态环境恶化等新问题，提出了包括社会、经济、资源、环境在内的多目标水利规划，而以前提出的水利工程综合利用的防洪、灌溉、发电、航运等方面的功能，则归属于实现现代多目标规划的手段，美国与阿根廷协作编制的南美科洛拉多河规划，是这一阶段的代表性实践。他对现代水利规划的原则、内容、方法、步骤也做了明确的阐述(钱正英主编，《中国水利》，水利电力出版社，1991，第551~554页)。他作为主编，主持编撰了《中国大百科全书·水利卷》的水利规划分支，《中国水利百科全书》的水利规划分支，对水利规划的知识体系进行了科学系统的梳理。何孝俣在水利规划方面的上述学术贡献，提升了我国水利规划的科学性，对提高我国水利规划理论与技术水平具有重要指导意义。

我是在2002年以后参加多次全国和七大江河防洪规划简要报告审查会上认识何孝俣的，习惯称呼他何总。每次审查会上，他的发言总能切中流域防洪中的关键问题，总有科学层面的深入分析，总能提出衷恳而具体的建议，因此每次都深深吸引我，并给我留下深刻印象。记得2003年秋，我陪何总与水规总院曾肇京副院长去天津了解海河防洪规划工作，路上我问何总："您从50年代就主持编制海河流域规划，半个世纪以来不断地实践与修订，您觉得规划改进的空间是依然宽阔，还是已近完善？"何总听后一路并不作答。到达天津后的当天晚上，他认真地对我说："你的问题很好，但我国的水利规划一来缺乏成熟的理论与很强的技术支撑，二来决策体制不健全，常因人、因国家形势而变，因此做的规划难以持久、稳定执行，只能随着社会、政治、经济形势的发展不断调整。"我听后深受教益。我想这大概也是何总对其从事的半个多世纪水利规划事业的感触吧。

在我的印象中，何总睿智而稳重、平实而谦逊，在他身上透出专家兼学者的气质和风度。人们谈起何总，总是流露出钦佩与敬重，他的规划思想和经验是我国水利规划事业的宝贵财富。

致谢：水利部原南水北调规划办公室韩亦方教高，水利部水利水电规划设计总院杨继孚教高、乔翠芳教高提供资料与照片。

▼ 纪念何孝俅先生

1. 阅读凝思
2. 在长江考察船上，左一为朱承中，左二为何孝俅
3. 在三峡工程论证会上，自左至右依次为何孝俅、徐乾清、钱正英

▼ 纪念何孝俅先生

4. 1988 年在北京卧佛寺参加长江三峡防洪论证会合影，第二排右六为何孝俅，左四为朱承中

5. 在长江三峡工程大江截流现场

6. 在北方水资源规划论证会上，前排右一为何孝俅，右二为朱承中，右三为姚榜义

纪念张蔚榛院士*

武汉大学在追思该校一位教授时写道："他既是一位学识渊博、治学严谨的学者，也是一位品德高尚、可亲可敬的良师益友。"他就是著名农田水利专家、水利教育家张蔚榛院士。

张蔚榛1923年11月22日出生于河北省丰南县，1941年考入北京大学工学院土木工程系，毕业后留校任教。1951~1955年被选派赴苏联科学院水问题研究所做研究生，从事农田水利学科学习和研究，获副博士学位。回国后，在原武汉水利学院、原武汉水利电力大学(现武汉大学水利学院)任教，长期从事教学和科研。2012年7月14日在武汉逝世。

张蔚榛教授1981年成为我国首批博士生导师，1997年当选为中国工程院院士。他曾担任第一、二届国务院学位委员会学科评审组成员，原国家教委科学技术委员会土建及水利学科组成员，国家自然科学基金委员会第二、三、四届工程与材料科学学部水利学科组评委，水利部科学技术委员会委员、水利部地下水管理专家组成员等职。他还兼任清华大学教授、中国科学院土壤物理研究所研究员、中国水利学会农田水利专业委员会委员、国际灌排委员会委员、联合国粮农组织(FAO)专家以及《水利学报》、《水科学进展》等多家学术期刊的编委。在国内外农田水利科学领域享有崇高的声誉。

张蔚榛自苏联回国后，就活跃在黄淮海平原水利与农业领域，为黄淮海平原水利建设与农业发展做出了重要贡献。他的研究涉及了与农田水利有关的广泛领域，尤其在地下水、土壤水、溶质运移等方面，不仅提出了具有开拓性的理论和计算方法，而且成功应用于农田排水、盐碱地改良、减轻农田面源污染等实际工作中。

在地下水研究领域，他提出了多种边界条件下地下水运动计算公式，并成功应用于农田地下排水规划设计。其中，他提出的蒸发随地下水埋深变化条件下的排水量计算方法、河渠水位变动条件下两岸含水层的补给与排泄水量计算方法都是具独创性的。在黄淮海平原浅层地下水评价及预测预报研究中，他提出了用多年调节进行评价的技术思路和计算方法，被称为地下水资源评价多年均衡法。他开展了利用浅层地下水动态观测资料反求水文地质参数的研究，并据此厘清了含水层给水度的概念；他提出了非均质含水层开采区地下水非稳定流计算公式，给出了多元结构含水层水井水力学的计算方法。在地下水开发利用方面，他针对华北平原大量开采深层承压水的情况，通

* 本文原载《水科学进展》. 2014，25(3).

过大量调查研究和理论分析指出，华北平原深层承压水补给微弱，其可开采量十分有限，大量开采将引起地下水枯竭和严重环境地质问题，而浅层地下水可通过降水补给和人工补给，较易恢复，据此他与水利及水文地质界同行进行多年研究，共同提出了华北平原地下水开发应以浅层地下水资源为主的建议，对华北平原地下水合理利用起到了导向性作用。这些研究成果已汇集在由他主编，于1983年由科学出版社出版的专著《地下水非稳定流计算及地下水资源评价》中，是这一领域的重要著作。

在土壤水研究领域，张蔚榛对饱和-非饱和土壤水分运动规律进行了深入的研究。他提出了在蒸发和下渗条件下均质与非均质土壤水分运动理论和数值模拟与计算方法；他揭示了在有作物生长条件下土壤、作物、大气连续体(SPAC)中水分运移规律，并建立了数值模拟方法。这些成果对实现田间土壤水分的控制、估算田间作物耗水量、指导科学灌溉和农业节水起到重要指导作用。在总结土壤水研究的基础上，他撰写了《土壤水动力学讲义》，并举办多期讲座。

在溶质运移理论和模拟方面，他针对黄淮海平原盐碱地改良中的洗盐问题，构建了沟间地段地下水淡化过程的计算模式，通过与土壤水盐运动方程的耦合，提出了防止土壤盐碱化地下水控制水位的计算方法。在"六五"、"七五"、"八五"国家科技攻关项目"黄淮海平原中低产田改造综合治理研究"中，他开发了土壤水盐运移数值模拟方法和大气水—地表水—土壤水—地下水相互转换(简称四水转换)模拟技术，应用于灌区水盐运动预测预报取得成功。面对农业生产中大量使用化肥，在灌排条件下不仅化肥大量流失，而且带来严重环境问题，他深入探讨了农田中氮肥的运移、转化和流失规律，为防止灌溉条件下化肥流失提供了依据。

20世纪90年代后期以来，张蔚榛教授参与中国工程院重大咨询项目"西北地区水资源配置生态环境建设和可持续发展战略研究"中专题五"西北地区灌溉农业发展战略研究"的调研和咨询，并作为顾问指导研究报告《农牧业卷——西北地区农牧业可持续发展与节水战略》(科学出版社，北京，2004)的撰写。在该项研究中，他与贾大林研究员等共同提出了西北地区灌溉发展战略和以提高水资源利用效率、控制灌溉规模、控制地下水超采、改造盐碱化中低产农田的策略和关键措施。

张蔚榛自1955年从苏联回国以后，一直致力于农田水利学科建设和专业人才培养。他长期担任农田水利教研室主任，在他的率领下，武汉大学现已开设了20余门农田水利专业课程，建立了包括地下水动力学、土壤水动力学、溶质运移理论等完整的研究生课程体系，编著了相关教材，筹建了我国第一个农田水利实验室，建立了我国第一个农田水利博士点，农田水利学科被授予全国首批重点学科。这些成果，为我国现代农田水利教育事业奠定了基础，开辟了宽阔的前景。

张蔚榛教授在教学和科研中提出了许多重要的见解。他强调教学与科研相结合，要求每位教师除了教学外都要有自己的研究任务，并及时把研究成果充实到教学中。他强调培养学生解决实际问题的能力，经常带领学生到现场进行实习和调研，他的研究生的学位论文大多是结合实际问题选题，并要求有相当时间是在现场进行研究。他强调理论联系实际，他的大部分研究(含30余位博士研究生论文选题)是从黄淮海平原农业生产实践中凝练的，他的大部分研究都建立在大量现场观测数据的基础上，进而揭示规律，提出理论，开发模型和算法。他的研究成果总能为所研究的问题提供科学依据，解决途径，以及计算模型与方法等。把实际问题作为研究工作的出发点和落脚点，是张蔚榛教授研究工作的重要特点。

　　张蔚榛教授淡泊名利，潜心学术；治学严谨，勤于探索；谦逊儒雅、和蔼可亲。我虽早已拜读过张蔚榛先生关于地下水和土壤水方面的多篇论文，但只在一些会议上才有见到他的机会。较清晰的记忆是2008年在北京出席水利部科学技术委员会会议，那次我和他在开会的前一天最先到达北京，住进中民大厦，一起吃晚餐后沿白广路散步。那天张先生兴致很高，谈了农田水利、国外访问、北京印象等一些话题。张先生给我留下的最深印象是质朴、真诚与执著。他就像黄淮海平原那万顷金色的麦浪，将根深深扎在泥土里，把沉甸甸的麦穗捧给人民。

　　致谢：中国水利水电科学研究院水资源所副所长于福亮教授提供资料；照片取自《张蔚榛论文集》(武汉大学出版社，2002年)。

▼　纪念张蔚榛院士

1. 1954 年在苏联留学期间
2. 1955 年在苏联与导师考斯加科夫院士夫妇
   在一起
3. 在武汉大学图书馆

▼ **纪念张蔚榛院士**

4. 在农田水利实验室
5. 主持国际灌溉管理与灌区评估研讨会
6. 学术研讨会暨 80 寿诞庆典 (前排左四)

纪念陈家琦先生*

2010年仲夏，我收到陈家琦先生寄给我一本他的新作《云烟札记》。我一口气读完后在给他的回信中写道："你所'札记'的不是团团絮絮的云烟，而是一条绚丽的彩带。沿着这条彩带，我看到你气宇轩昂地从北京拐棒胡同走来，看到你风华正茂的少年和意气风发的青年时代，钦佩你在战火纷飞年代投身革命的胆识，分享了你多彩的留苏生活，也勾起了自20世纪60年代以来我们相处的历历回忆。"2012年1月11日，我去北京宣武医院看望陈家琦先生，那时他已久卧病床，靠鼻饲维持生命，可当他见到我时，目光里依然闪烁着他那特有的乐观和幽默，而那时，他还不知道与他同年同月同日生、相濡以沫50余载的爱妻已在另一家医院先他而去了。我顿时难忍酸楚，背过脸去，然后才默默地与他对视着，许久，许久。2012年6月22日，陈家琦先生去世的消息传到了南京。痛哉！人生的最后时刻是多么脆弱和无奈啊！然而这都是因为在漫漫一生中，为事业已付出了全部的生命力，乃至弥留之际再也没有一丁点气力了。

陈家琦教授是湖南省长沙市人，1924年3月5日出生于北京市。1947年6月毕业于天津津沽大学(原天津工商学院，后并入天津大学)土木工程系。1947年9月～1951年7月任华北水利工程总局助理工程师。1951年8月～1955年11月在苏联科学院水问题研究所留学，研究洪水与防洪问题，获得副博士学位。1955年12月～1969年11月任水利水电科学研究院水文研究所工程师，期间在1966年6月～1969年11月"文化大革命"中受到批斗。1969年12月～1978年8月被下放到水利电力部第四工程局(甘肃省永靖县刘家峡)，期间先后做过混凝土浇筑工人，工程局设计院规划室副主任等。1978年8月由刘家峡调回水利水电科学研究院任高级工程师，1982年4月～1985年2月奉调水利电力部任水文局局长，主持全国水文工作，1985年2月～1988年4月，任水利电力部水资源办公室咨询、水利部科学技术委员会委员、水利水电科学研究院咨询委员等，1992年1月离休。

陈家琦先生还曾先后受聘担任中山大学、武汉水利电力大学、北京气象学院教授，中国水利学会、中国自然资源研究会、全球变化中国国家委员会副理事长、理事，《中国大百科全书·水文科学》编委、《水科学进展》首任编委会主任，1987年当选为国际水文科学协会(IAHS)副主席。

陈家琦教授是中国著名水文学家，水资源学的开拓者之一。20世纪六七十年代，

---

* 本文原载《水科学进展》.2013，24(3).

陈家琦教授从事小流域设计洪水计算方法研究。他以摩尔凡尼(Mulvaney T J)推理公式为基础,运用杜格(Dooge J C I)和纳什(Nash J E)产汇流理论,建立了适应中国自然地理条件的小流域设计洪水计算方法,并于1966年出版专著《小流域暴雨洪水计算方法》(中国工业出版社,1966年),该方法最大的成功在于:①以设计地区实际雨洪对应资料为基础,分析和提取流域损失参数和汇流参数,从而使公式能最大限度地反映设计流域的雨洪特性;②可以实现参数在地区上的外延,为无资料地区小流域设计洪水计算提供了依据。由于方法适应性强、有较好的精度且计算简便,在国内得到广泛应用,被称为"水科院推理公式",后被《SDJ22—79水利水电工程设计洪水计算规范》所采用,并选为高等学校的教材。

20世纪70年代后期,陈家琦先生开始关注水资源问题,于1980年在水利水电科学研究院主持筹建水资源研究所,任副所长并参与全国首次水资源评价。20世纪80年代,在国际水文学界关于"水文学向何处去?"大辩论背景下,陈家琦先生潜心思考水资源的科学性质和内涵,于1986年在《现代水文学的新阶段:水资源水文学》一文中提出了"侧支循环"的概念(后被称为"社会水循环"),在此基础上进一步提出了"水资源水文学",并将"水资源水文学"作为继地理水文学、工程水文学后水文学发展的新阶段。1999年,陈家琦先生进一步强调水资源作为独立学科的属性和意义,放弃了"水资源是水文学的延伸"的认识,提出了"水资源学"的概念,并与王浩、杨小柳等同志合作,先后出版了专著《水资源学概论》(中国水利水电出版社,1996年)和《水资源学》(科学出版社,2002年)。书中系统阐述了水资源学的性质、任务、内容和方法论,以及"水资源学"与"水文学"的关系。"水资源学"的提出,推动了中国关于水资源问题的研究与实践。

陈家琦教授为中国水利水电建设做出了重要贡献。1972~1974年,他在水电部第四工程局参与主持黑山峡水电站和龙羊峡水电站初步设计的水文分析和规划;和谭维炎等同志一道首次将蒙特卡罗方法应用于水文统计分析中。1975~1977年,他作为主要负责人之一,主持了中国《SDJ22—79水利水电工程设计洪水计算规范》的修订,总结了新中国成立以来设计洪水计算的经验,恰当地处理了当时各种计算途径间的争论。1978年陈家琦先生作为青海省代表出席中国第一次全国科学大会并获得大会表彰。1987~1990年他参加长江三峡工程可行性论证,并担任水文专家组组长、三峡工程初步设计审查核心专家组成员。

陈家琦教授为推动中国水文科学国际合作做出了重要贡献。1982~1985年他担任水利电力部水文局局长期间,推动中美水文合作,促成了中美水文极值合作研究项目的签署与实施;推动中国与世界气象组织(WMO)、联合国教科文组织(UNSCO)在水文科学与实践广泛领域开展合作;1987~1991年他当选为国际水文科学协会(IAHS)副主席,这是中国水文学家第一次担任世界最大非政府间水文科学组织的领导职务,在此带动下,中国多位水文学者先后当选为隶属IAHS的国际地表水委员会(ICSW)、国际水资源委员会(ICWR)、国际雪冰委员会(ICSI)、国际遥感委员会(ICWRS)等国际水文科学组织的副主席。自此中国广泛参与了国际水文科学活动，全面融入国际水文科学界并成为其中重要成员。

陈家琦先生视野开阔、勤于思考、耘耕不辍。他与滕炜芬、张恭肃、王浩等合作先后出版了《小流域洪水计算方法》、《水资源学》等4部专著，在国内外发表的90余篇论文中，涉及了水文学、水文气象学、水资源学、河流工程、防洪及水利政策等诸多方面。他在《论水文科学往何处去？》(1989年)、《水文科学的内涵及其发展动力》(1992年)、《论水资源学和水文学的关系》(1999年)等论文中所提出的富有科学哲学思维和前瞻性的见解，对厘清20世纪80~90年代中国水科学界关于水文学的方向、水文学与水资源学定义、内涵及相互关系的争论与困惑起到了引领作用，并促成了水资源学的诞生。他还曾为钱正英院士主编的《中国水利》撰写了第一章"中国水资源"，为《中国大百科全书》水文科学卷和水利卷撰写了多条重要条目。晚年，他还抱病撰写了自传体回忆录《云烟札记》，深情地回忆自己丰富多彩、追求与奉献的一生。

陈家琦先生乐观开朗，对事业和生活充满激情。在"文化大革命"浩劫中，他被关在地下室阴暗的"牛棚"里时，仍充满信心地写道："惊雷平地起，骤然风和雨；鱼龙难分辨，评说有后人。"在下放刘家峡水库工地劳动的日子里，他为能亲手参加大坝建设满怀豪情的写道："君不见，黄河之水天上来，奔流入库笑颜开；君不见，全国人民齐发奋，红心虽老青春在。"他到哪里，总是能把快乐带到哪里。20世纪80年代以来，我先后随他到温哥华、巴尔的摩、维也纳、巴黎、拉巴特、彼得堡等多地出席国际水文科学会议，一路上的话题，他总是旁征博引、妙语连珠、幽默睿智。在1989年巴尔的摩国际水文科学大会的全体宴会上，他还带领我们即席演唱中国民歌和京剧，博得各国水文同行们的热烈掌声。他在《云烟札记》的"尾声"中写道："人生的路漫长却又短暂，坎坷却又平坦，辛苦却又快乐。一个人的生命在历史的长河中是短暂的，微不足道，但又必须在这短暂时光中尽量为社会做些有益的事，以不虚度人生此行。"是的，陈家琦先生自信和乐观地走完了自己的人生之路。他留下的关于人生的感悟、关于水文学与水资源学未来的思考，是对后来者最大的激励与启迪。

一枚松果从苍松虬枝上落下了，千百根松针呵护着他，来年这里将青松成林，一派蔚然。

致谢：陈家琦教授的女儿陈道文女士和中国水利水电科学研究院水资源所副所长于福亮教授提供资料和照片，并审读全文。

▼　纪念陈家琦先生

1. 与夫人霍瑞兴结婚时留影
2. 1991年与《水科学进展》编辑部同志合影,自左起依次为汪静萍、刘国纬、陈家琦、吴正平、潘理中、陈慧芳
3. 1985年率中国水文代表团访问美国陆军工程师团（左四）

▼ 　纪念陈家琦先生

4. 2003 年与同年同月同日生的夫人共庆
　　80 华诞
5. 全家合影
6. 在德国马克思墓前

纪念赵人俊教授[*]

今年3月17日是我国著名水文学家赵人俊教授逝世一周年纪念日，我们怀着无比崇敬的心情纪念他。

赵人俊教授1924年4月9日出生于浙江省金华市，1945年毕业于中央大学土木系，先后在中央大学、南京大学、华东水利学院、河海大学任教，1978年被授予教授，1982年经国务院学位委员会批准为博士研究生导师。他曾担任中国水利学会水文专业委员会副主任、国务院学位委员会学科评议组成员、国家自然科学基金评审组成员。并长期担任河海大学水资源水文系副主任、代理系主任等职务。

赵人俊教授毕生从事水文教学和科研，在这一领域作出了卓越的贡献。从20世纪60年代起，他潜心研究降雨径流形成过程和流域产流与汇流计算方法，积近20年之研究，他提出了径流形成的"蓄满产流概念"，并在此基础上创建和发展了流域水文模拟理论与方法。他研制的"新安江模型"在国内得到了广泛应用，为提高水文预报水平发挥了重要作用，并在美国及东南亚许多国家推广应用。他的专著《流域水文模拟——新安江模型与陕北模型》获1987年国家教委科技进步奖一等奖，并于1990年载入《中华人民共和国重大科技成果》。赵人俊教授在流域水文模拟领域的科学成就，得到了国际学术界和联合国教科文组织的高度评价。

20世纪60年代以来，赵人俊教授以极大的热情和旺盛的精力投入水文预报教学工作。在他的主持下，编写了我国第一本水文预报高等学校教材《水文预报》，他组建了我国高等学校第一个水文预报教研室并培养了一大批优秀中青年教师。他桃李满天下，目前工作在我国江河水文预报岗位上的许多专家都曾从师于他。他的名字是和我国水文预报及水文预报教育事业紧紧联系在一起的。

赵人俊教授治学勤奋而严谨。他不顾自己已逾花甲之年，还亲自带领学生们沿淮河进行滞蓄洪区的产汇流条件考察，乃至在脚痛风病发作情况下也坚持艰难地跋涉；他不顾自己已年过六旬，还自学编写计算机程序和上机操作，往往一干便是10多小时。我在大学四年级时，赵老师为我们讲授《水文预报》课程，五年级时，我有幸在赵人俊教授和庄一鸣、刘新仁教授指导下撰写毕业论文《浙江省降雨径流区域预报》，他亲自对相关线上的每个偏离点据进行细致审查，并反复强调："没有科学的事实便没有科学的结论。"记得我曾冒昧地向赵先生提出，他编写的讲义中的降雨径流相关图与流域

———————————
* 本文原载《水科学进展》. 1994，5(1).

蓄水曲线图彼此不能相互转换，从而有悖于蓄满产流概念。赵先生十分重视，并在后来进行了修正，此事令我深深感动和钦佩。赵人俊教授是我国水文模型研究的开拓者之一，但他却时时告诫大家："水文数学模型是水文现象的概念性描述，千万不能忽视事情的物理本质而走入玩弄数学游戏的歧途"，他撰写的论文《从事实出发研究水文学》最集中地反映了他严谨的治学思想和治学方法。赵人俊教授的勤奋、严谨、求实精神和风范，是我，也是我们广大水文科技工作者的楷模。

赵人俊教授常说："在人的一生中，总是要有所追求，如果你对科学有执著的追求，那就得牺牲一些属于自己的东西。"赵先生实践了自己的追求。当他得知自己已患癌症时，他含着眼泪对医生说："再给我一点时间，我还有事没有做完。"

赵人俊教授逝世一周年了，岁月可以流逝，赵人俊教授的学术成就和他所追求的事业将永远留在我们心间。

致谢：河海大学水文水资源学院谢悦波教授提供照片。

▼ 纪念赵人俊教授

1. 1946 年与夫人邵令宣在中央大学
2. 1946 年在中央大学工学院水文系实验室前

▼ 纪念赵人俊教授

3. 1973 年讲授新安江模型流程图
4. 指导研究生（右二）
5. 1982 年全家合影

纪念徐乾清院士 *

徐乾清于1925年12月16日出生在陕西省城固县。1949年7月毕业于上海交通大学土木系。1949年9月~1953年4月先后在江苏泰州苏北行署水利处和华东水利部任技术员，1953年4月调入北京中央人民政府水利部。1953年4月~1958年2月先后在水利部办公厅苏联专家工作室、科学技术委员会任技术员。1958年2月~1968年9月在水利电力部水电总局、规划局任工程师、副处长。1968年10月~1973年2月下放到水电部青铜峡"五七干校"和贵州乌江渡水电工程工地劳动。1973年3月调回北京水利电力部，先后担任科技司处长、科技委副主任，水利部科技局副局长，水利电力部计划司副司长。1988年3月~1992年2月任水利部副总工程师，1992年2月离休。1993~1995年受聘为全国防汛抗旱总指挥部办公室顾问，1993年3月当选为全国政协第八届委员会委员，1999年10月当选为中国工程院院士。2010年1月9日于北京逝世，享年85岁。

徐总从事中国水利事业60年，新中国为他搭起了事业的舞台，他为中国的水利事业鞠躬尽瘁。60年里，徐总见证了新中国水利事业的发展历程，在水利规划、江河治理、防洪减灾、水资源与环境、重大工程建设以及水利科学技术发展等领域，奉献了毕生的精力与智慧，做出了卓越的贡献。

防洪减灾是徐总投入精力最多的领域。他经常告诫我们："全国有50%的国土面积和接近90%的人口、60%以上的耕地、95%的社会财富都集中在受洪水威胁的地区，其中尤以占国土面积8%的主要江河中下游平原与河谷川地受洪水威胁最大。做好防洪工作是振兴中华伟大事业不可或缺的大事。"

徐总主持和参与了中国七大江河历次防洪规划的编制与审查，尤其在体弱多病的艰难情况下，仍坚持主持了历时近6年的全国七大江河及太湖流域新一轮防洪规划的编制与审查，以他丰富的知识和对中国国情的深刻理解，对每一条江河的洪水特性、规划思想、防洪目标、工程体系、关键问题等，都提出了高屋建瓴的见解，为制定七大江河及太湖流域的防洪规划做出了具有战略指导意义的贡献。

徐总对近代中国防洪事业进行了系统的总结和深刻的思考。他把近代中国的防洪事业划分为1947~1957年、1958~1962年、1963~1979年和20世纪80年代~20世纪90年代末4个时期，深刻分析了每一时期洪水灾害的特点和原因，总结了各时期防洪的基本经验

* 本文原载《水科学进展》. 2011，22(1).

与教训，勾画出新中国成立以来防洪规划思想发展的脉络。他指出："20世纪末和21世纪初，在全球强调可持续发展与重视生态环境的大趋势下，要逐步明确'科学发展观'、'科学治水'的新思路；要在'以人为本'的前提下，逐步实现人与洪水和谐相处；要从以工程措施为主的防洪转向全面综合措施的防洪减灾方略；要实现从控制洪水向洪水风险管理的转变。"

徐总对21世纪中国大江大河防洪减灾的总体目标提出了殷切的期望，他指出："在发生不超过设计防洪标准的洪水时，要逐步做到由防汛的常规队伍进行正常防汛，确保国家经济活动与社会生活不受影响；在发生超标准特大洪水时，要有预案和切实措施，并能有序地付诸实施，保障国家经济活动与社会生活不发生动荡，不致影响国家长期计划的完成或造成严重的环境灾害。"他还特别指出："在全国300多个有防洪任务的大中城市中，80%的城市防洪标准低于50年一遇，65%的城市低于20年一遇，数以千计的县城和集镇防洪标准更低，随着城市化进程，城市防洪对全国防洪事业已经越来越起着推动作用。"

徐总把防洪与江河治理紧密联系在一起，他指出："中国的防洪，在一定意义上讲，就是七大江河的治理。"(钱正英，《中国水利》，中国水利电力出版社，1991年)在由他执笔的《中国可持续发展水资源战略研究综合报告集》第1卷中，提出了七大江河的治理目标：长江——再遇1998年洪水时确保主要堤防安全，再遇类似1954年和1870年历史特大洪水时，在充分运用三峡等干流水库和分蓄洪工程的条件下，保障重要堤防、沿江大城市和重点围垸的安全；黄河——保证花园口安全通过22 000m³/s的洪峰流量，稳定现行流路，力争21世纪黄河不改道；淮河——使淮河有独立的入海出路，干流上游达到20年一遇、中游100年一遇、下游300年一遇、重要支流20年一遇、沂沭泗水系中下游50年一遇以上的防洪标准；海河——使主要河系中下游地区基本达到50年一遇、永定河达到100年一遇防洪标准，确保津京防洪能力达到200年一遇防洪能力；珠江——进一步提高珠江三角洲、广州市及珠江中下游的防洪、防潮能力，并使南宁、柳州、梧州等城市达到100年一遇以上，主要堤防达到50年一遇防洪标准，再遇类似1915年特大洪水和特大风暴潮时，保证广州市和珠江三角洲重点堤防的安全；松花江——使干流和重要支流达到20~50年一遇的防洪标准，哈尔滨等重要城市达到100年一遇以上的防洪标准；辽河——干流达到50~100年一遇、重要城市达到100年一遇以上的防洪标准。为实现上述防洪目标，徐总提出了每一条大河的治理措施，尤其对长江中游江湖关系的演变和黄河下游河道治理的方略，进行了深入的研究(钱正英，《中国可持续发展水资源战略研究综合报告集》第1卷，中国水利水电出版社，2001年)。这些见解，指出了21世纪中国江河治理的方向与目标。

徐总对中国水资源问题进行了深入的考察和思考。他指出："中国水资源问题将是长期困扰经济社会发展的重大问题，必须制定全国水资源开发、利用、保护与管理的长远政策和战略。"并亲自指导和主持审议了《中国水资源规划》及多项水资源重大规划与研究项目。

　　徐总对西北水资源问题进行了深入的研究。他在对新疆、河西走廊、柴达木盆地的社会、经济、生态环境与水资源状况进行了全面深入的考察后，提出了西部大开发中与水有关的十大关系，即："人民生活用水与经济、社会、生态、环境用水的关系；水资源开发与土地开发的关系；西部粮食生产与东部缺粮的关系；种植业与牧业的关系；水资源开发与扶贫的关系；开源、节流与保护的关系；生态建设与水利建设的关系；水利建设中发展与巩固的关系；高扬程灌溉与能源政策的关系；西部城市建设与水资源特点的关系。"这些见解对西部水资源能力建设有重要指导意义(《西北内陆区水资源问题的一些思考》，2000年5月在天津大学学术讨论会上的报告)。

　　徐总对华北水资源短缺的程度、性质、原因进行了深入的分析，对缓解华北和保障北京水安全提出了多项措施建议。他指出："要根据水资源条件制定社会经济发展长远规划，妥善实行产业结构和生产布局调整；要做到开源、节流、保护并重；要提高流域蓄水能力，进一步处理防洪与兴利的矛盾；要加强区域间的水量调剂，推进南水北调和其他跨流域调水战略措施的实施；要把'节水减污型社会'建设作为一项长期坚持的战略方针；要积极利用法规和经济手段促进水市场的健康发展；要增加投入，巩固与改造现有水利工程设施。"(《华北水资源合理开发利用》，中国水利水电出版社，1990年)

　　早在20世纪70年代，徐总就以极大的热情和精力投入中国南水北调的可行性论证、规划、设计和建设全过程。他指出："南水北调需在三个层次展开研究。第一层次是根据我国社会经济长远发展的战略需求，明确南水北调的必要性和可能规模；第二层次是在大江大河治理、水资源综合利用规划和国土整治规划基础上，提出和论证南水北调具体方案；第三层次是制定各省区或较大经济区水资源供需平衡规划；然后综合这三个层次的研究结果，制定不同时期南水北调分期实施方案。"(《科技导报》，1999第5期)徐总在多种场合指出："南水北调是缓解黄淮海流域水资源匮乏的战略性措施，但应当明确其供水范围和调水规模"；"要充分考虑在水源引出区可能引发的社会、经济、环境问题"；"要先节水后调水，先治污后通水"；"要处理好调水与生态环境的关系"；"要充分重视运行风险，确保输水安全"；"要逐步实现城市供水从以开采地下水为主向以引用地表水为主的转变"；"要建立水价形成机制，要建立统一调度与协调管理机制"(《中国水利报》，2002年11月)。这些意见对推进和把握中国南水北调工程建设的进程与方向具有重要的指导意义。

　　1986年7月，水电部根据党中央、国务院指示，启动新一轮"长江三峡工程可行性论证"工作，徐总受命担任论证工作领导小组成员，兼任三峡工程防洪专题专家组组长，负责组织论证三峡工程在长江防洪系统中的作用和长江中下游防洪规划的总体安排。众所周知，关于长江三峡工程建设在国内外都存在着赞成与反对的激烈争论，正是在这样的背景下，徐总担起了防洪专题论证的重任。他从重新核实水文计算成果开始，对包括加高中下游堤防、修建支流替代水库、开辟分洪道、拓宽疏浚干流卡口、裁弯取直等多种替代方案进行了深入的分析和比较，对国内外提出的各种问题逐一给出有说服力的答复，论证了长江三峡工程对保障长江中下游防洪安全的重要作用和难以替代性，并对长江中下游各河段的防洪标准、防洪体系总体部署、各主要控制站的防洪警戒水位以及在超保证水位情况下各河段分蓄洪区安排等，都做出了明确规定，形成了以三峡水库为核心的新的长江中下游防洪体系。论证工作于1990年完成，提出了《长江三峡工程防洪专题论证报告》，并作为《长江三峡工程可行性论证报告》的重要组成部分，于1991年8月完成审查工作，并上报党中央、国务院。历时5年，徐总为长江三峡工程可行性论证付出了艰辛的努力，做出了重大的贡献。徐总说："经过三峡工程可行性论证工作，对长江有一种特殊的感情。自1994年三峡工程开工建设以后，只要有机会我总要到枢纽工地和库区去看一看，1997年大江截流以后，几乎每年都到库区和枢纽工地考察一次。1998年4月12日至20日，随泥沙专题小组考察中下游，从宜昌到南昌，沿途领略长江风光，看到60多年来长江的变化，抚今思昔，感触良多。此行大概是这一辈子最后一次考察长江了。"深情地流露出一位德高望重的水利专家对祖国江河的眷恋。

徐总不仅仅是一位杰出的水利工程师，而且，如钱正英院士所指出的："应当称他为一位真正的学者。"（钱正英，"痛失良友——悼念徐乾清同志"，《中国水利报》，2010年3月9日）他主持重新编纂了《水利科学技术名词》，主编了《中国大百科全书·水利卷》的综论部分、《中国水利百科全书(第二版)》、《中国水利年鉴》，参与编著钱正英院士主编的《中国水利》、《西北地区水资源配置生态环境建设可持续发展战略研究》等多部具有重要学术意义与应用价值的著作。在《中国水利工程防洪效益分析方法与实践》、《建国以后水利建设经济效益》、《中国水旱灾害》等项目研究与专著的编写中，他虽然只担任顾问，但他积极提出具有指导性的研究思路和技术途径，具体参与内容策划、审稿、修改和部分审定工作，以一位学者的品德恪尽顾问的职责。徐总十分重视水利科技的发展，他为国家"八五"、"九五"水利科技攻关和"十五"水利科技支撑计划的主攻方向和项目设计提出了既具有指导意义又十分具体的建议，并主持了多个重大项目的成果鉴定。徐总十分重视科学思想的传播和科技人才的培养，他多次应邀到高等学校、研究院所和流域机构作学术报告。1995年徐总应邀到南京水文水资源研究所，以"关于中国几个水问题的回顾和探讨"为题，举行5天学术讲座，他丰富的知识、深刻的思考、睿智的见解、清晰的思路、旁征博引的演讲风采，赢得了全所同志深深的敬佩。

我记得是1992年参加在青岛举行的中国水利学会规划专业委员会会议上认识徐总的。1995年11月徐总来南京水文所讲学期间，要我帮他查阅一些文献资料，有了较多接触。后来我先后陪徐总和夫人叶慧贤大姐到苏南水乡、皖南宏村、黟县、富春江等地考察旅行，已经较为熟悉。1999年徐总推荐我参加水利水电规划总院主持的全国新一轮防洪规划工作，几年中经常有机会在他身边工作和学习。徐总治学严谨，2000年我约徐总为《水科学进展》创刊10周年专刊写一篇关于中国防洪的论文，徐总如约送来。但半个月以后，徐总却要取回稿件，我问何故，徐总说："文中虽然对中国防洪的情况、问题、对策有总结性的论述，但经反复考虑，觉得对中国防洪的理论方面涉及太肤浅，想再做些补充。"虽然这篇论文最终因徐总没有时间补充而未能发表，但他严谨的治学作风令编辑部每一位同志深深敬佩。徐总注重实地考察。正如他在做西北水资源研究时所说："不能笼统地讲缺水，要搞清楚具体是哪些地方缺水？是什么性质的缺水？缺多少水？"他带着这些问题，考察了天山南北、河西走廊、柴达木盆地，获得了西北缺水的第一手材料。60年来，徐总跋涉在长江上下、黄河两岸，几乎踏遍了中国的主要江河。

徐总酷爱读书，知识渊博。他不仅大量阅读水利著作，而且广泛涉猎文学、历史、地理方面的书籍。记得陪他在苏州、宏村、黟县考察时，他常常驻足在一些景区路边的书摊，津津有味地翻阅那些陈年的书刊，并且和我讲一些当地的历史与人文趣事。后来我在南京古旧书店和趁到西安、郑州、奉化等地出差之便，特地收集了一些古旧书籍送给他，他那高兴的神情我至今仍历历在目。徐总秉性耿介，待人谦和。他坦言当前一些科研成果"除补充延长了一些统计数据，引进了一些计算方法和名词外，对问题的实质大都缺少深入研究，真正的开拓创新较少。"他在回顾自己20世纪50年代就黄河三门峡枢纽工程设计发表的一些欠妥的意见时说："长期以来对我这种无知和轻率感到惭愧。"然而他对待我们这些学生辈的人，总是循循诱导，百般关怀。2005年秋，徐总见我经常头晕，特地和叶慧贤大姐来看我，还送来野生灵芝等补品，亲切之情我至今难以忘怀。

徐总的大家风范给了我潜移默化的教育，而最让我难忘的是一次谈话。那是1999年初夏在苏州，当年我退休，我谈到退休后打算把科研方向转到中国宏观水问题研究，徐总问我为何这样考虑？我说，1991年9月27日钱部长在河海大学接见我，听取我对她主编的《中国水利》的意见。谈话间我问道："在您所做的水利决策中，水文科研成果起了怎样的作用？"钱部长说："基本上没有直接用到你们的成果。你们研究的多是些技术与方法层面的问题，而水利决策更需要宏观研究成果的支持。"钱部长的话对我触动很大，自那以后，我常常考虑是否要把自己的科研方向转向中国宏观水问题研究。徐总说："钱部长的意见是对的。你知识面宽，善于思考，也有了一定工作积累，是适合做宏观水问题研究的。不过……"徐总停顿了一下继续说："做宏观问题研究有个特点，若研究的结论符合一般的共识，那会认为你的研究没有多大新意；若研究的结论与流行的看法相去较远，那很难被采纳，甚至会引发争论。宏观研究不像你们过去那样容易出学术论文，而是要长期坚持积累，才能形成一些观点和建议，这你要有充分思想准备。不过我认为，做与国家需求更贴近的研究，是更有意义的。"后来，徐总不断给予我鼓励和帮助，带着我逐步投入到中国防洪、江河治理、水资源等宏观水问题的研究中，使我对中国江河与水问题也逐渐多了一些了解。

光阴荏苒，逝者如斯。徐总生前喜欢种竹和赏兰，他宅前那几簇翠竹一定还那样葱茏繁茂吧？窗前那几茎蕙兰，也一定依然在沁出淡淡的幽香。那清泉、那翠竹、那幽兰，不就是先生的身影吗？

致谢：钱正英院士和徐乾清院士的女儿徐佳同志审读全文；徐佳同志提供照片；参阅了《徐乾清文集》(中国水利水电出版社，2011年)。

▼　**纪念徐乾清院士**

1. 1957 年与夫人叶慧贤新婚合影
2. 在工地调研
3. 2001 年在家中书房，左起依次为李原园、徐乾清、刘国纬
4. 在长江考察船上（右一）

▼　纪念徐乾清院士

5. 2004 年在南京水文所讲学时与部分同志合影（左三）

6. 陪钱正英副主席考察水电站（左二）

7. 2005 年与夫人在新安江

8. 与夫人棋逢对手

9. 全家福

纪念陈志恺院士 *

2013年9月听说陈志恺院士重病，心中十分惦记，可是当时我因患"老年性黄斑变性(湿性)"，视物昏花变形且常跑医院，直至惊悉陈志恺院士已于10月19日逝世，都未能去探望他，心中留下深深的愧疚。

陈志恺于1926年11月28日出生于上海市闸北区。1946年考入上海交通大学水利工程系，1950年毕业获学士学位。1950年6月至1954年秋任华东水利部技术员、工程师，主要从事沂沭泗河水文测验工作。1954年末奉调北京水利部技术局，次年调入北京水利水电科学研究院(以下简称北科院)参与筹建该院水文研究所。1969年12月至1976年5月由北科院下放在四川渔子溪水利电力部第六工程局劳动锻炼。1976年5月调回北科院，直至1992年退休，期间先后任工程师、高级工程师、教授级高级工程师、水资源研究所所长。2000年任水利部科学技术委员会委员，2001年当选为中国工程院院士。

陈志恺长期从事水文、水资源领域的科研和实践，年过七旬仍老骥伏枥，致力于中国宏观水问题与水安全战略研究。

在水文学领域，陈志恺涉猎的内容广泛。20世纪50年代初，他进行P-Ⅲ频率曲线与K-M型频率曲线对中国水文资料适应性比较研究，在他和王家祁、骆承政等发表的论文《暴雨及洪水频率计算方法的研究》中指出：P-Ⅲ频率曲线能较好适应中国水文特性，为后来在中国水文计算规范中采用P-Ⅲ频率曲线作为水文设计通用线型做出了贡献。1962年他和叶永毅在《水利学报》发表论文《洪水频率分析中历史洪水资料的处理》，阐述了历史洪水在频率分析中的重要作用，由此推动了我国历史洪水的调查和研究。

20世纪50年代中期，陈志恺注意到当时流量资料短缺，根据流量系列由频率计算方法推求设计洪水在许多情况下难以实现，而雨量资料相对较多，由暴雨推求设计洪水当是最好的途径，于是开展了中国暴雨统计规律和设计暴雨计算方法研究。他组建了我国第一个以设计暴雨为主要研究目标的暴雨科研团队，于1958~1959年编制了《中国暴雨参数图集》；1965年他和王家祁等在论文《论中小流域设计暴雨分析计算方法》中详细论述了包括暴雨频率分析、面设计暴雨、暴雨时程分配雨型、长短历时暴雨关系、24h点设计暴雨公式等概念、理论和计算方法，为后来制定中国设计暴雨规范奠定了基础。他还和陈清濂等现场考察并核定了"63.8"暴雨和"75.8"特大暴雨的观测记

* 本文原载《水科学进展》. 2014，25(2).

录，该两场暴雨为我国东部暴雨和可能最大暴雨(PMP)研究与应用发挥了重要作用。这些成果广泛应用于水利工程、铁路桥涵、城市排水以及工矿防洪等国民经济建设领域，对我国暴雨规律和设计暴雨研究和应用具有奠基性和开拓性意义。

在水资源领域，陈志恺于20世纪70年代后期已察觉到中国水资源短缺的端倪。在他的推动、指导和直接参与下，水利部水文局组织开展了我国第一次水资源评价，首次摸清了我国水资源总量、时空分布、形成机制、影响因素等，该项成果是我国一份重要的国情资料，对国土规划、水资源开发利用与保护有重要价值。20世纪80年代，陈志恺先后主持"六五"国家科技攻关项目"华北地区地表水、地下水资源数量、质量及可利用量研究"和"七五"国家科技攻关项目第57项"华北和胶东地区水资源开发利用和供需平衡分析研究"，揭示了华北地区雨水—地表水—土壤水—地下水相互转化(简称"四水转化")的机制，提出了不同规划水平年供需平衡分析成果，开发了地表水、地下水联合调度和非传统资源利用技术，为华北水资源综合规划与开发利用提供了科学依据与技术支撑。进入20世纪90年代，陈志恺的眼光投向了国家可持续发展背景下水资源与宏观经济的关系。他主持完成了联合国发展署(UNDP)在中国实施的"华北水资源管理研究"项目，该项研究首次构建了"华北宏观经济多目标水资源规划模型"，该模型后来在新疆等多地应用取得良好效果。此期间他还作为"八五"国家科技攻关项目"黄河治理与水资源开发利用"的顾问，在他的指导下，提出了黄河流域基于宏观经济的水资源合理配置方案与实施意见。陈志恺在水资源领域的研究成果，为制定我国"以水资源可持续利用支撑国家社会经济可持续发展"的战略和策略，提供了重要的理论依据和可行途径。

在水安全宏观战略研究方面，陈志恺投入了巨大的精力。从2001年起，他主持中国工程院重大咨询项目"西北地区水资源配置生态环境建设和可持续发展战略研究"中专题Ⅰ的研究，其成果由以陈志恺主编的专著《西北地区水资源及其供需发展趋势分析》在科学出版社于2004年出版。该项研究清晰阐述了西北地区的水资源禀赋和供需态势，提出了"加强以流域为基础的水资源统一管理、建设节水型社会、统筹安排重点地区生态环境用水、加强骨干水利工程建设、优化水资源配置格局和加快保障体制建设"五条重要建议。这些建议正成为国家西部大开发战略中关于水资源开发、利用与保护的重要依据。同一时期，陈志恺作为水利部科技委委员，不顾年迈，多次参加黄河、长江等实地考察和咨询活动，为江河治理提出了重要建议。

陈志恺为我国水文水资源事业辛勤耕耘了六十余年。他用智慧与辛劳凝聚成的丰硕科学成果，为我国半个多世纪水利事业的发展做出了重要贡献，他的工作精神与作风，也成为我们的典范。

陈志恺的研究领域总是紧密围绕国家各个时期的需求，聚焦当时的关键科学问题。当新中国成立要重整江河的时候，他聚焦于当时急需的水文计算方法研究；当水资源问题日趋突出的时候，他潜心于水资源开发、利用与保护的研究；当国家可持续发展面临资源与环境挑战的时候，他担当起水资源—经济—环境的宏观战略研究，他的研究历程体现了一位科学工作者心系国家的情怀。

求真务实是陈志恺科研工作的又一特点。无论做什么项目，他最强调的是获取第一手资料，他的研究总是从调查研究出发，通过实际数据分析，又以结论数据来回答项目要求回答的问题，切忌空谈。因此他的研究成果总能让人看得见，摸得着，拿来有用，体现了一位科技工作者严谨求实的学风。

陈志恺作风朴实，为人真诚。我于20世纪60年代初在北京水科院与陈志恺相识。记得在1968年11月19日，那天我在北京水科院结婚，单位分给我一间屋作为新房。当时正值"文化大革命"，婚礼就是水文所的同志们到新房里吃糖、喝茶庆贺一下。可是新房里除有一张床和一张旧办公桌和椅子之外，就只有贴满四周墙上的红色毛主席语录了，连放糖果和茶杯的地方都没有。陈志恺、滕炜芬夫妇见此窘况，连忙从家里搬来圆桌、椅子等，还铺上桌布，顿时把房间布置得喜气洋洋。当时我心里充满温暖，感激之情至今深深珍藏在我的心里。2000年以后，我与陈志恺开始有较多工作接触。自那时以来，在编制全国防洪规划和七大江河防洪规划审查工作中，在水利部"十五"、"十一五"、"十二五"科技支撑计划与公益性计划科研项目顶层设计与评审工作中，在水利部科技委组织的考察和相关活动中，以及许多会议中，我都有幸和陈志恺在一起工作。工作中他总是坦率地谈他的见解；他十分注重他人的感受，从不以权威的架子压服人。记得在讨论《中国水利百科全书·水文与水资源分册》的条目框架设计时，他先提出了一个初稿，当我提出《水利百科全书》条目似应与《中国大百科全书》、《辞海》、《大辞海》中的水文与水资源条目既有一致，又有区别的意见时，他欣然接受并很快对框架和条目做了调整，令我十分感动。

陈志恺院士是我的良师益友。2008年11月5日，我和陈志恺院士还有他夫人滕炜芬教授在黄河小浪底水库考察，趁他俩不经意间，我抢拍了一张他们站在大坝上眺望库区万顷烟波时的照片。我把它附在这篇文章里，寄托我深深的怀念。

致谢：中国水利水电科学研究院水资源所副所长于福亮教授和陈根发高工等提供资料和照片。

▼ 纪念陈志恺院士

1. 1994 年考察准噶尔盆地东部彩南油田
2. 2002 年指导广东佛山市水利规划编制
3. 野外考察，自左依次陈志恺、徐乾清、刘宁

▼　纪念陈志恺院士

4. 在长春地质大学参加"十二五"支撑项目中期评审 (前排左四)

5. 2008 月 11 月与夫人滕炜芬考察小浪底水库

纪念王锦生先生[*]

王锦生先生是我国著名水文测验专家，对我国水文测验科学技术发展做出了重大贡献。

王锦生是山东诸城人，1928年11月11日出生于辽宁省锦州。他1950年毕业于山东大学土木系，随后在东北水利总局水文总站、沈阳水利勘测设计院水文资料整编队任技术员、工程师。1956年调入水利部水文局，先后任工程师、高级工程师、教授级高级工程师，并担任水文局副处长、副局长、总工程师等职。期间，还兼任过全国气象、水文、海洋仪表学会第三届理事长，《水文》杂志主编，河海大学兼职教授等学术职务。

王锦生参加、主持和见证了新中国水文测验事业发展的全过程，把自己的一生都献给了新中国的水文测验事业，2006年3月15日在北京逝世。

王锦生先生在水文测验领域的贡献是多方面的，尤其在建设新中国水文测验业务体系和发展水文测验科学技术方面，做出了卓越的贡献。

在建设新中国水文测验业务体系方面：王锦生于20世纪50年代主笔编写了《水文资料整编方法·流量部分》；20世纪60年代主笔编写了《水文测验暂行规范》和《水文年鉴审编刊印暂行规范》；20世纪70年代他主编了《水文测验试行规范》和《水文测验手册》；20世纪80年代他主持了水文测验技术标准的修订；20世纪90年代，他主持编译了国际标准化组织(ISO)制定的《国际标准手册第16分册》和世界气象组织(WMO)编写的《水文实践指南》。他的这些成果，对推动与建立中国水文测验技术业务体系，实现中国水文测验技术规范化、标准化，并与国际标准接轨发挥了重要的作用。

在水文测验科学技术方面：水文测验误差评价与控制一直是王锦生关心的重要课题。他发表了多篇学术论文，举办多期水文测验误差理论讲座，他潜心探讨了水文测验误差的分布规律和传递规律，对如何评价与控制水文测验各个环节的偶然误差与系统误差、单次误差与月年总量和均值误差、绝对误差与相对误差，以及控制这些误差在各个测验环节的传递，水位流量关系单值化的误差控制等，都提出了既有理论依据，又便于测站技术人员掌握与应用的方法。他对中国水文测验站网布设的理论进行了深入的研究。他指出内插移用理论在西北地区应用的局限性，从而推动了西部地区水文站网建设。他主持在江西设立的雨量站网密度实验区，提出与论证了梅雨区科学与经

——————————
 * 本文原载《水科学进展》. 2011，22(2).

济的站网密度建议。作为水利部水文局的总工程师，王锦生常年奔走在全国各水文站，对发展中国水文测验设备、仪器和测验方法付出了巨大的努力。在他发表的《关于过河设备设计施工的一些意见》中，对水文缆道的设计、施工、输送工具、悬索垂度、安全系数等提出了完整的方案，并将可控硅调速、无偏角悬杆悬吊、超声波测深仪、新型计数器等新技术应用于缆道测流中，推动了中国缆道测流技术的发展。

20世纪90年代，我曾与王锦生总工一起参与《中国水文志》编纂工作，后来他接任陈道弘先生担任该书主编。在讨论编纂体例时，他提出"水文与事业背景的统一"、"详主略次"、"叙而不议，寓褒贬于记事之中"等原则，对提高该书的编纂水平起到了重要的作用，也使我深深敬佩他治学的严谨。

1989年，王锦生在《水文》杂志撰文指出："水文测验非常重要而又易被轻视。由于前者，它应该发展，由于后者，它的发展历程往往坎坷。"王锦生先生正是本着这样的认识，为了他钟爱的水文测验事业，踏平一路坎坷，兢兢业业地奋斗了一生。

致谢：王锦生女儿王妍、水利部水文局章四龙教高、李岩博士提供照片；参阅了《王锦生水文测验文集》(《王锦生水文测验文集》编委会编著，中国水利水电出版社，2008年)。

▼ 纪念王锦生先生

1. 1983 年在黑龙江省水位流量测验规范研习班上讲课
2. 1986 年在北京接待国际水文测验专家

▼ **纪念王锦生先生**

3. 1991 年与宁夏望洪堡水文站
   同事合影 (前排左四)
4. 1998 年在三峡工程施工现场，
   自左依次为王锦生、赵柯经、
   季学武
5. 2004 年与夫人金婚留影

纪念朱承中先生

朱承中是我国著名水利规划专家。

朱承中是江苏吴县人，1928年11月12日出生于上海市。1946年考入复旦大学土木系(水利组)，于1950年毕业，同年分配到华东军政委员会水利部，任秘书科副科长。1953年华东水利部撤销，朱承中被分配到郑州黄河水利委员会，任泥沙研究所副所长。1955年奉调北京水利部，参与筹建水利部水利科学研究院，任水文研究所副所长。1956~1968年先后任水利部水利勘测设计管理局计划科科长、设计管理科科长、水利水电设计局计划处副处长，主管计划安排及长期计划(规划)工作，1958年大跃进期间下放河北省易县，被任命为神石庄乡党总支副书记，主持了安各庄大型水库设计和施工。1966~1968年在"文化大革命"中受到批斗。1969~1974年先后在水电部宁夏青铜峡、河南省平舆"五七"干校劳动。1974年由"五七"干校调回北京，至1975年任水电部规划设计院规划处副处长。1979~1990年，随着水利部与电力部拆分与合并，朱承中先后任水利部水利规划设计院副院长兼党组副书记；水电部水利水电建设总局副局长、党组副书记；水利水电规划设计院副院长、党组副书记，其间于1983~1987兼任国务院长江口及太湖流域综合治理领导小组办公室主任。1990年兼任水利部南水北调规划办公室(以下简称"南办")主任。1991年起专任"南办"主任，至1994年离休。2014年3月23日在北京逝世。遵照朱承中遗愿，遗体奉献给祖国医学科学事业。

朱承中是教授级高级工程师，曾任中国水利学会理事，名誉理事；水利经济研究会副主任；水利规划研究会主任等学术职务。

朱承中是新中国水利规划事业的重要领导者和组织者之一，为水利建设和水利规划做出了重要的贡献。

1963~1968年，他参与主持了对三门峡水库、新安江水库、密云水库、青铜峡水库等已建大型水利工程的设计任务书进行复核与审定。该项工作对后来总结大型水利工程设计与建设经验有重要意义。这一时期，他还作为水利部派驻国家计划委员会的代表，参与编制第三个五年计划中的水利规划；作为国家计委、国家农委、农业部、水利部联合工作组组长，主持编制了第三个五年计划中的《五亿亩旱涝保收、稳产高产基本农田建设规划》。

1975年8月淮河支流洪汝河发生特大暴雨洪水，板桥、石漫滩两座大型水库及多座中小型水库溃坝，伤亡数万人，酿成严重水灾。在钱正英部长主持的关于"75·8"特别重大水利事故调查汇报会上，朱承中发言提出：现在的问题是要有新的正确方法进行全新设计与修建，全国其他大坝看来也要按新的方法校核、补强，研究的内容包括"工程安全标准"、"设计洪水计算方法"、"枢纽布置水工设计"等三个方面。钱正英部长同意朱承中的意见，并责令由规划设计院负责。朱承中当时作为规划设计院规划处处长负责该项目，与流域机构密切配合，于1978~1979年期间分别编制了《水利水电枢纽工程等级划分及设计标准(山区、丘陵部分)SDJ12—78》和《水利水电设计洪水计算规范SDJ22—79》，并作为正式设计规范颁布。该项工作有效提高了全国大坝水电工程规划设计水平。

1979~1982年，朱承中主持制定《中华人民共和国水法》。在该项工作中，他提出了国家对水资源统一管理、取水许可制度、水资源费及水费等一系列概念和法规条文。由于《水法》涉及自然、社会、经济、环境诸多方面，需要与其他部门进行协调，因此立法过程复杂而艰辛。为此，朱承中进行了大量调查研究和协调工作，于1982年提出《中华人民共和国水法》(草案)，后由水利部水政司继续完成，并于1988年经第六届全国人大常委会第二十四次会议通过。

20世纪80年代，朱承中还积极主张、组织、推进了我国第二轮大江大河综合规划，编制、修订、审查工作持续10余年，至20世纪末完成。

朱承中为长江口及太湖流域综合治理做出了重要贡献。国务院于1983年7月25日决定成立"长江口开发整治领导小组"，并于1984年6月11日进一步扩大为"国务院长江口及太湖流域综合治理领导小组"(以下简称"领导小组")，由王林(时任上海经济区规划办公室主任，陕西省委首任书记、中共中央顾问委员会委员)、钱正英(水电部部长)、倪天增(上海市副市长)、子刚(交通部副部长)、凌启鸿(江苏省副省长)、黄友若(长办主任)、沈祖伦(浙江省副省长)、严恺(中科院院士)8人组成，王林任组长，朱承中任秘书长和办公室主任。由于"领导小组"成员都是各省市和部委领导，主要通过会议确定一些重大事项和原则，所以长江口及太湖流域综合治理规划实际工作都由"领导小组"办公室和秘书长承担。朱承中为此做了大量艰苦细致的组织和协调工作。

在制定太湖流域综合治理规划过程中，他贯彻"领导小组"的要求，以国家大局的眼光，奔走斡旋于苏浙沪之间，悉心听取和凝练各方意见，终于协调了江苏省力主的"高水行洪格局"(即太浦河、望虞河均高水位行洪，平望水位可高于4米)和浙江省力主的"低水行洪格局"(即太浦河低水位行洪，平望水位控制在3.3米，减少太浦河泄量，加大望虞河泄量，东太湖也要适当行洪)之间的争议，采纳了由长委提出的兼顾各方水位要求的第三种行洪格局——"综合行洪格局"，并规划加大从长江引水入望虞河，经太湖、太浦河入黄浦江上游的水量，从而为制定《太湖流域综合治理规划》奠定了基础，并在此规划基础上部署了太湖治理骨干工程建设规划。太湖流域成功战胜1991年和1999年大洪水的实践表明，"领导小组"制定的《太湖流域综合治理规划》是正确的。

在长江口开发整治和黄浦江治理规划中，朱承中贯彻"领导小组"制定的以航运为重点，着重考虑防洪(潮)、围垦、沿江建设、农田排灌、国防建设、环境保护、水产、旅游等综合全面规划思想，紧紧依靠以严恺院士为首的科技组，并凭借自己丰富的规划经验和对长江口的深入了解，成功地处理了南支下游(浏河口至吴淞口)治理、北支封堵、长江枯水时南水北调可能引起咸水倒灌等一系列技术与规划难题，所形成的整治方案得到了1983年2月国务院常务会议的认同。

朱承中在作为"长江口及太湖流域综合治理领导小组"秘书长和办公室主任期间，还促成了水电部上海勘测设计院和太湖流域管理局的成立，在两机构的任务、选址、人员编制等方面精心筹划安排，做了大量的工作。

朱承中是我国南水北调规划的主要领导者和组织者之一。早在1972年华北发生百年未遇特大干旱时，他就认识到南水北调主要目标是缓解华北缺水问题。1982年淮河水利委员会主任李苏波致信胡耀邦总书记、赵紫阳总理反映南水北调东线方案的必要性、可行性与迫切性及实施意见，并建议可先通后畅、分期实施，"七五"送100m³/s到南四湖。此即当时的南水北调东线一期工程方案，称李苏波方案(《南水北调工程大事记》国务院南水北调规划管理局，2001年3月)，朱承中作为水电部该方案审查组的秘书长，起草了该方案的审查文件上报国务院，并在1983年国务院第11次会议获得批准。

1990年9月朱承中担任水电部南水北调规划办公室主任。南水北调工程不仅有许多工程技术和生态环境问题，而且涉及相关省市不同的调水要求，是一项复杂的系统工程，朱承中为此做了大量组织协调工作。他根据水利部当时的意见，主张首先进行东线建设，同时加强中线研究，并指出中东线互不替代。然而，后来的发展逐渐趋向于先上中线，当时水利部主要领导也改变态度，将工作重点放在促进中线可行性论证上。朱承中在1994年被免去了南水北调规划办公室主任的职务，随即离休。

20世纪90年代，我正承担南水北调东线工程运行管理课题研究，有幸参加中、东线论证部分工作。记得当时朱承中曾对我说："先上东线或先上中线，看是一个技术层面的安排问题，其实是一个如何有序满足国家水需求和适应国家财力的战略选择问题。"他尤其反对"为急于上南水北调中线项目，甚至压低原来已经严重估计不足的投资，争取与三峡工程同时在20世纪上马"的做法(钱正英、朱承中，"淡泊名利 榜义江河"，《中国水利报》，2012年3月2日)。我将朱承中的上述看法向严恺院士做了汇报，严恺院士就中线工程的一些问题专门致信江泽民总书记和李鹏总理(钱正英部长转交)。南水北调东线的论证与决策过程，也使我对中国水利决策有了新的体验和认识。

朱承中从事水利规划60余年，对水利规划的性质、任务、方法论等有深刻的认识和丰富的经验。第一，他认为水利规划并非是一门单纯的自然科学和技术科学，而是自然科学、技术科学与社会科学高度融合的综合性学科。因此，水利规划既要遵从自然科学的规律和利用技术科学的方法，也要充分符合国情并考虑到国家不同发展阶段的需求和地区间的不平衡性。基于此，他认为：水利规划和方案决策，往往不单纯是科学技术上的"最优解"，而是各方面可能接受的"较优解"，甚至"非劣解"(李蒙，《中国水利报》2005年10月)。这也正是前辈水利学家谢家泽教授和前水利部部长钱正英院士的看法(《谢家泽文集》第138页；钱正英，《中国水利》第698页)。第二，他认为水利规划中最难解决的问题，常常并非技术问题，而是协调社会关系中不同相关方的利益诉求，因此他特别注重规划中的协调工作。他在总结自己做协调工作的经验时说：一要准确把握好原则与妥协、长远与近期、整体与局部的关系；二要懂得治水的"地缘政治"，即处理好上下游、左右岸、省与省、地区与地区之间的矛盾，使各方的基本利益得到保障，同时，对其作出的妥协给予充分的理解和肯定。他在回顾参加太湖综合治理规划的体会时深有感触地说，正如周总理在1972年曾说过的"水利比上天还难"（《谢家泽文集》第136页）。第三，他认为规划要经得住历史的考验，决策失误是最大的浪费。因此，规划工作者要有高度的社会责任感和历史使命感，要敢于坚持真理，敢于担当，而不能回避矛盾，更不应见风使舵，朝令夕改。基于这样的认识，朱承中在还只是一位副处长时就勇敢地反对1959年辽宁省提出的在大辽河营口段建闸蓄水的方案并坚持不予审批，事后证明他的坚持是正确的。他从南水北调主任岗位退下来后，依然关心和思考着南水北调事业，多次上书中央，阐述他对南水北调中东线规划与建设程序的意见。

朱承中为中国水利规划事业辛勤工作60余年，2009年水利部授予他"长期奉献水利优秀人员"荣誉称号。2011年中国水利学会授予他"中国水利学会荣誉会员"称号。他对中国水利规划事业的执著与担当，源于他对党、对国家和人民的高度责任感，也是与革命家庭的深刻影响分不开的。朱承中的父亲朱穰丞是我国近代话剧运动的先驱者之一，在潘汉年、夏衍等共产党人影响下加入共产党，成为早期中共党员，1930年赴法国勤工俭学，和冼星海同住一室，1933年赴苏联，积极开展革命工作。朱承中的哥哥、姐姐和多位亲属都是中共上海地下党员，当时朱家是上海地下党学生运动委员会机关所在地，吴学谦(曾任国务院副总理)等上海地下工作领导人常住在朱家，并称朱承中母亲王季凤为"姆妈"（上海人称"妈妈"为"姆妈"）。朱承中在这样的革命家庭中成长，16岁(1944年10月)就加入中国共产党，投身地下党领导的上海学生运动，并多次组织领导了抗日、反蒋(介石)、反汪(精卫)学生示威游行活动。上海解放前夕，他作为复旦大学学生自治会主席，组织学生保护学校，迎接解放。上海解放后，他作为学生代表参加上海市第一届人民代表大会，并在大会上发言。2005年，他荣获中共中央、国务院、中央军委颁发的"纪念中国人民抗日战争胜利60周年纪念章"。

朱承中的人生足迹，展现了一位共产党员、一位优秀中国知识分子走过的峥嵘而光荣的道路。他把自己的理想、智慧和汗水，融入了他毕生为之绘制的新中国水利规划蓝图中。

致谢：朱承中夫人毛庆龄先生、水利部原南水北调规划办公室韩亦方教高、水利部水利水电规划设计总院郦建强教高、朱建盈高工，水利部太湖流域管理局黄宣伟教高提供资料和照片，并提出修改意见；参阅了朱承中《指点江湖》(2013年，未公开出版)；李蒙，《南水北调：后半生的心血和夙愿——记水利专家朱承中》（《中国水利报》，2005年12月）。

▼ **纪念朱承中先生**

1. 1988 年在紫坪铺坝址探洞口
2. 在陕西金盆水库考察
3. 1995 年中国水利学会规划研究会青岛会议全体代表合影 (前排左六)
4. 1997 年 8 月广东河源新丰江调水可行性研究成果评审会，自左依次为谢金荣、童慎中、朱承中、姚榜义、叶永毅、陈清濂、陈椿怀

▼　纪念朱承中先生

5. 1995 年与刘国纬在青岛

6. 2009 年重返母校复旦大学与新中国成立前地下
　　党同学合影 (右一)

7. 2009 年与夫人毛庆龄在北京地坛公园

8. 2010 年全家其乐融融

纪念陈守煜教授

陈守煜教授是我国著名水文与水资源学家。

陈守煜是浙江宁波人，1930年10月出生于上海市。1952年毕业于上海交通大学土木工程系，同年9月任教于大连工学院(现大连理工大学)，直至2005年退休，期间于1955~1957年带职在华东水利学院(现今河海大学)水文学研究生班学习。历任大连理工大学助教、讲师、副教授、教授，1986年担任大连理工大学水利工程学院水文学及水资源、水利水电工程专业博士研究生导师。

陈守煜教授长期致力于水文水资源系统模糊集和工程模糊集理论与应用研究，是我国模糊水文水资源学的创建者和开拓者。模糊数学是研究和处理现实中许多界限不分明事物或状态的数学工具，由美国控制论专家L.A.札德(L.A.Zaden)于1965年在论文《模糊集合论》(Fuzzy Sets)中首次提出，"模糊"译自Fuzzy。模糊数学提出后，在工程控制、地学勘探、生态环境、气象预报及社会科学等广泛领域中得到应用，其自身的理论与方法也得到长足发展，形成了一个新的数学分支。陈守煜敏锐地认识到，大量的水文现象和过程具有模糊性，例如：汛期和非汛期的划分时间、年径流的丰、平、枯划分界限、干旱等级的划分标准等，都是具有模糊性的，因此从20世纪60年代后期起，他就开始了将模糊数学理论与方法应用于水文水资源研究中。1988年7月，陈守煜在《大连理工大学学报》(第28卷第1期)发表题为《模糊水文学》的论文，首次提出了"模糊水文学"的概念、理论和方法，并逐渐发展成为水文学科大系中一个新的水文学科分支，随后扩展到水资源分析中。半个多世纪以来，陈守煜在这一领域耕耘，发表了200余篇论文和多部专著，其中代表性专著有：《工程水文水资源模糊集分析理论与实践》、《系统模糊决策理论与应用》、《工程模糊集理论与应用》等。21世纪初，陈守煜突破L.A.札德的静态模糊集概念，指出其模糊静态性的理论缺陷，在发表的《可变模糊集理论与模型及其应用》和《工程可变模糊集理论与模型——模糊水文水资源学数学基础》论文中，提出了可变模糊集理论。模糊数学在我国现代水文水资源研究与应用中还在不断取得有重要价值的成果，越来越受到水文水资源学界的重视，这是与陈守煜教授的开拓和引领分不开的。

陈守煜在致力于模糊数学和模糊水文水资源学研究的同时，也参与了国家许多重大水利问题的研究。20世纪50年代，他参加了长江三峡水库前期规划研究，提出了确定三峡水库年调节库容的概率统计方法。20世纪70年代，他参加长江流域规划办公室主持的水能利用计算机应用研究，提出了水能水利计算数值解的新算法。他于1980年发表的论文《水库调洪计算的数值解法及其程序》(《水利学报》1980年4月)比国外同类成果早12年，并广泛应用于水库防洪调度实践。

陈守煜教授从事水文水资源教学达60余载，培养了硕士和博士研究生50余位，桃李满天下。

陈守煜在科研中强调"在创新中出成果"，在教学上强调"继承发扬传统经典事业，把握学科前沿推出新的学科"。陈守煜学养深厚，治学严谨，一生勤奋，去世前一个月还在撰写论文和指导博士生学位论文。陈守煜耿直谦逊、宽厚友善，乐观豁达，2009年在庆祝他80华诞的学术报告会上，他欣然做诗"莫道七十古来稀，而今八十不算奇，耕耘九十桃李满，常乐百岁再迎春。"

大连理工大学的美丽校园，又到春花烂漫时，陈守煜教授在这里整整耕耘了六十春秋，校园里的一草一木，仍在深情地守望他的身影。

致谢：南京水利科学研究院水文水资源所吴凯同志提供资料和照片。

1. 全家合影
2. 2004 年在山东大学讲学
3. 在大连理工大学土木学院
   阅览室

▼　　纪念陈守煜教授

4. 2004 年在课堂上
5. 2011 年博士论文答辩
　 （前排左四）
6. 2000 年在洛阳皇城公园
　 "河图"与"洛书"石
　 模前留影

大连理工大学博士论文答辩会

纪念窦国仁院士 *

今年5月22日是著名泥沙及河流动力学专家窦国仁教授逝世一周年纪念日，我们深情的怀念他。

窦国仁于1932年11月16日出生在辽宁省北镇县，满族人。1951~1956年受交通部选派，在苏联列宁格勒(现圣彼得堡)水运学院水利工程系学习，获优秀水运工程师称号。1956~1960年在列宁格勒水运学院水利工程系做研究生，从事水力学和泥沙运动力学研究，期间于1959年获技术科学副博士学位，1960年获技术科学博士学位，博士论文为《泥沙运动及河床稳定》。1960年回国后分配在水利电力部、交通部南京水利科学研究所(即现水利部、交通部、国家能源总局南京水利科学研究院)工作，直至2001年5月22日在南京逝世。期间于1960~1979年任工程师，1980~1983年任高级工程师、副所长，1983~1993年任南京水利科学研究院院长、教授级高级工程师，1991年当选为中国科学院院士，1994~2001年任交通部技术顾问，南京水利科学研究院名誉院长。

窦国仁教授曾担任国务院学位委员会水利学科评议组召集人、中国海洋学会副理事长、中国海洋工程学会理事长，以及清华大学、北京大学、河海大学等高校兼职教授。他先后被授予交通部、水利电力部和江苏省劳动模范称号，当选为第六届、第七届和第八届全国人民代表大会代表。

窦国仁教授以其对泥沙科学与河流动力学的原创性科研成果和对国家重大水利及河港工程的杰出贡献，获得多项科学技术奖励。其中：1985年以"葛洲坝二、三江工程及其发电机组"项目获国家科技进步奖特等奖，1987年以"河床紊流的随机理论及其应用"项目获国家自然科学奖二等奖，2007年以"长江口深水航道治理工程成套技术"项目获国家科技进步奖一等奖，1995年和1998年以"黄河小浪底枢纽泥沙问题研究"项目和"河口海岸泥沙数学模型研究"项目分别获水利部科技进步奖一等奖，以及多项其他科学技术奖项。窦国仁教授还获得何梁何利基金2000年度科学技术进步奖。

窦国仁在列宁格勒水运学院师从马卡耶夫教授从事紊流力学方面的研究。1954年中国交通部部长王首道访问苏联，在看望中国留学生时说道：中国港口航道淤积很严重，并叮嘱窦国仁多学些泥沙方面的知识。于是，马卡耶夫教授指导窦国仁把研究方向从紊流力学转向泥沙研究，从此窦国仁与泥沙研究结下了不解之缘。

---

* 本文原载《水科学进展》. 2002, 13(4).

四十余年里，窦国仁参与了长江三峡工程、葛洲坝工程、黄河小浪底工程、长江口深水航道治理工程等许多国家重大工程中泥沙问题的研究，为这些工程的建设做出了重要贡献。同时，结合这些工程凝练科学问题，开展了泥沙基础和应用基础研究，取得了杰出的科学成果。其贡献与成果大体可以概括为以下三个方面。

全面系统地发展了泥沙运动理论

窦国仁对泥沙运动力学中的重要科学概念和理论与方法进行了深入的研究，提出了具有创新性和开拓性的成果。他阐明了泥沙颗粒沉降阻力与分离角的关系，从而建立了同时适应粗、细颗粒泥沙沉降速度计算的统一公式；他研究了床面泥沙颗粒的受力情况，从理论上导出了粗、细颗粒泥沙的起动流速公式；他通过对泥沙运动的动力分析、随机分析和能量分析，导出了挟沙能力公式，并进一步得出了不均匀输沙的挟沙能力公式；他提出了河床最小活动性假说，并基于此导出了平原冲积河流和潮汐河口河床形态有关公式；他建立了河流与潮流非饱和输沙方程式，为发展潮流河口一、二维泥沙数学模型奠定了基础；他导出了更具一般性的固液二相流连续方程、运动方程和能量方程；他提出了最大含沙浓度与颗粒级配有关的概念，从而得出了高含沙水流基本特性和基本运动规律的关系式。他的上述成果,特别是非恒定不平衡输沙方程式、泥沙起动和沉降统一公式、平原冲击河流和潮汐河口的统一河床形态方程等均得到了比较广泛的应用。

创建了河流工程全沙物理模型并成功应用

河工物理模型一直是窦国仁进行泥沙研究的重要手段。早在20世纪60年代，窦国仁就进行了模拟悬沙运动的物理模型的研究，并在青山运河减淤、钱塘江河口治理、射阳河闸下游淤积、改善长江口航道等许多实践中成功应用。

1970年钱正英部长任命窦国仁为葛洲坝工程(当时称三三O工程)坝区泥沙试验研究的技术负责人，窦国仁在武汉建立了葛洲坝悬沙物理模型，并得出初步成果。然而，当窦国仁等于1972年在北京向周恩来总理汇报时，周总理表示：对只研究悬沙情况很不放心，指示要加强包括底沙在内的全面综合研究。周总理的指示对窦国仁来说是一个重大的科学技术挑战。因为：①长江中游泥沙颗粒级配分布很广，最细千分之五毫米以下，最粗达200毫米以上，粗细相差达四万倍；②在坝区既有悬沙和异重流淤积，也有底沙和卵石淤积；③不可能分别按悬沙、底沙、卵石建立三个模型，因为河道中各种运动的泥沙是一个统一的整体，相互影响、相互制约，单独对某一部分泥沙进行试验显然不能反映真实的情况；④倘若在同一个物理模型中同时复演悬沙、异重流、底沙和卵石的运动规律，技术上有很多难关，特别是时间比尺问题，悬沙试验的时间比尺一般为几十比一，而底沙试验时间比尺一般为几百甚至上千比一，在技术和理论上均无先例。面对这一挑战，窦国仁带领他的团队决心"走前人没有走过的路，攀登科学技术高峰，让敬爱的周总理放心"，决定在一个模型中进行各种泥沙综合试验，即全沙物理模型试验。在深入进行理论分析和试验的基础上，经历了多次挫折和失败，终于在时间比尺、相似性和模型设计等关键问题取得突破，使模型中的悬沙、异重流、底沙和卵石的运动规律、各种粒径泥沙的淤积部位和淤积数量，在定性和定量上的试验结果与现场实况基本一致。他利用葛洲坝全沙物理模型，进行了南津关峡谷段河道整治、大江与三江航道布置、电厂上下游淤积和减少粗砂过水轮机问题、坝区河势规划等几十个方案的水流和泥沙条件的对比试验，为葛洲坝设计提供了重要的科学依据。

继成功建成葛洲坝全沙物理模型之后，窦国仁又建成了世界上最大的长江三峡工程全沙物理模型，在模型中复演了长约200公里河段中悬沙、底沙和卵石的运动规律及冲淤变化，为在长江三峡工程可行性论证中研究三峡工程各水位方案的泥沙淤积情况、淤积对航道与港口的影响及解决对策、变动回水区的淤积情况等提供了水流和泥沙方面重要依据。

河工全沙物理模型的建立，极大地拓展了泥沙物理模型的研究能力，为泥沙研究开拓了一条新的技术途径，受到国内外的高度评价，并获得国家1985年度科技进步奖特等奖。

创建了河床紊流随机理论

紊流是速度、压强等物理量在时间和空间中发生脉动的流体运动，又称湍流。在自然界的水体和大气流动几乎都属于紊流运动范畴，研究紊流有重要的应用价值和科学意义。自1883年O·雷诺发表了他观测层流及紊流流态的论文，并于1894年推导出紊流时均流动的基本方程——雷诺方程式以来，在紊流理论研究和实践两个方面都有了一定进展，但至今还没有形成严格和统一的紊流理论。目前，在解决实际紊流问题时，通常采用所谓统计理论或半经验理论，但统计理论目前(包括20世纪50年代中国科学家周培源提出的漩涡结构理论)只能适应在工程实践中极少遇到的均匀各项同性紊流，而半经验理论不能深入揭示紊流内部的脉动结构，因而也难以深入和清晰地解决实际紊流问题。窦国仁的贡献在于，他利用统计理论阐释半经验理论所获得一些成果，进而得出关于紊流内部结构的论述，并从这一视角出发，提出了河床紊流随机理论。窦国仁的紊流随机理论由紊流随机模型、壁面绕流机理和紊动发生几率三部分组成。根据随机模型可以导出脉动流速相关矩和谱密度等；根据壁面绕流(糙率绕流)机理分析，纠正了关于出现光滑区、过渡区和粗糙区的传统概念，指出他们的出现并不是由于壁面层流对糙率的隐蔽(淹没)程度不同所引起的，而是由于紊流绕过壁面糙率时是否发生分离和分离的程度引起的；主要根据紊流随机发生概率，导出了在明渠与管道水流中适应于对数层、过渡层、黏滞层、紊流光滑区、过渡区、粗糙区和层流、层流向紊流过渡、充分发展紊流等各种情况下的流速分布和阻力系数的统一公式，使著名的尼古拉兹阻力系数图得到了理论概括。紊流随机理论对明渠及管道水力学计算、紊流力学的发展、泥沙运动、渗气水流运动规律、减阻流运动规律、污染物质输移和扩散规律等研究，提供了可靠的理论依据，并对这些领域的生产实践有重要的、普遍的指导意义。紊流随机理论是一项具原创性的重大理论成果，使我国在这一领域的理论研究走在世界前列。

窦国仁教授在短短的40余年间，以其出色的科学研究，发展了泥沙运动理论、紊流随机理论、全沙物理模型的相似理论、波浪潮汐水流泥沙数学模型理论等，在泥沙科学领域做出了杰出的科学成果；为解决葛洲坝水利枢纽、长江三峡工程、长江口治理工程、黄河小浪底工程以及钱塘江河口治理等国家重大水利工程的泥沙问题做出了重要贡献。窦国仁教授为我们展现了一位在新中国成长的杰出科学家的成功之路，给了我们多方面的启示。在我看来，以下三方面的启示是尤其令人敬佩和追循的。

第一，他在学生时代就确立了要报效祖国的人生理想。他在"自述"中写道："出国之前，周总理叮嘱大家说：'国家正在初建时期，经济还很困难，但是毛主席、党中央还是派你们出国留学。你们是新中国的青年，一定要学好建设祖国的本领，为国争光，千万不要辜负党和人民的希望。'周总理讲完话后到各桌祝酒，见到我时说：'你这个小鬼也出去呀！'我紧张地回答说：'是，我也去。'我暗下决心，一定要抓紧时间尽最大力量学习，不辜负总理的厚望。"值得特别指出的是，他把崇高的人生理想融入了自己的泥沙科学事业中，使事业成为飞扬理想的载体，而理想成为推动事业的动力，正是这两者的完美结合，使他在泥沙科学领域始终求索，执著追求，达到了他人生的光辉顶点。

第二，他找到了一条正确的科学研究之路。沿着窦国仁教授科学研究的足迹我们看到：20世纪60年代，他在研究射阳河挡潮闸下游淤积、青山运河淤积等问题时，提出和发展了模拟悬沙运动的物理模型；20世纪70年代他研究钱塘江河口治理与长江口深水航道治理的泥沙问题时，发展了河口海岸泥沙数学模型；20世纪70年代至20世纪80年代，他在研究长江葛洲坝枢纽泥沙问题时，首创了全沙物理模型，并在研究长江三峡工程变动回水区长河段淤积问题时进一步完善和发展了河道二维全沙数学模型；20世纪90年代，他在研究黄河小浪底水库泥沙问题时，建立了高含沙水流输沙公式和模型相似率；而河床紊流的随机理论及其应用，则是他从在苏联学习时期就开始思考，并结合数十年大量工程实践的启示而得出的原创性理论成果。这条闪光的足迹让我们领悟到：正确和高效率的科研道路，是一条任务带学科之路，是问题导向之路，是最能启迪思维、激发潜能之路。这是窦国仁教授留给我们的一份宝贵科学遗产。

第三，聪慧与勤奋是他成功的保证。如果说人生理想与事业道路是在科学上取得成功的充分条件，那么聪慧与勤奋则是取得成功的必要条件，这就如同在证明一个数学定理时所必须具备的"充要条件"一样，窦国仁是具备了这些条件的。窦国仁家境贫苦，只断断续续念过三年半小学和一年半初中，凭着这样的学历勉强考入高中时，还要在北京早市摆小摊维持生计。然而他以全校第一名的成绩高中毕业并考入清华大

▼ **纪念窦国仁院士**

5. 在南京水科院接待国外代表团 (前排左一为 黄胜，左三为窦国仁，左五为严恺)
6. 在办公室
7. 1993 年和夫人在珠海
8. 1995 年在张家港全家合影

贺伟程是我国水文水资源领域著名专家。

贺伟程1933年11月8日出生于湖南省衡南县。1957年7月毕业于大连工学院(现大连理工大学)河川结构及水电站水工建筑专业。1957年9月在中国科学院水工研究室从事水能利用研究，任实习研究员。1958年9月调入水电部北京水利水电科学研究院水文研究所，任技术员，主要协助叶永毅、李克宁从事灌溉水库调度、流域规划和农业水文学研究。1969年12月从北京水科院下放水电部第十一工程局(河南省三门峡)，参加三门峡工程改建施工劳动，至1979年1月从三门峡调回北京水科院，其间于1975年6月至1978年底在水电部第十一工程局勘测设计大队从事水文设计与科研工作。调回北京水科院后，一直在水资源研究所从事水资源领域科研工作，先后任工程师、高级工程师、教授级高级工程师。

贺伟程曾任北京水科院水资源研究所一室室主任，兼任中国自然资源学会常务理事、北京水利学会理事、中国地理学会水文专业委员会委员、北京市人民政府第五届专家顾问团水资源与水土保持专家组顾问等。1988年获国家有突出贡献中青年专家称号。

贺伟程在我国水资源领域做出了重要贡献。

1979~1985年他参加我国首次全国水资源评价。在这项工作中，他于1980年首次提出了地表水和地下水相互转化的概念，1981年在"三水转化"，即降水—地表水—地下水相互转化关系的基础上，提出了计算地表水资源与地下水资源重复资源量的计算方法，随后他提出了水资源总量的定义和计算方法，并给出了不同区域(山区与平原，湿润区与半干旱区、干旱区)的计算公式。通过全国水资源评价工作的实践，证明了贺伟程提出的概念和方法是合理的、可行的，澄清了长期以来有关水资源评价方面的一些模糊认识，提高了评价成果的精度，在全国范围内普遍应用。

1986年，贺伟程在"六五"国家科技攻关第38项"华北地区水资源评价"中，提出了构建地下水资源系列和水资源总量系列的计算方法，从而解决了降水、地表水、地下水、水资源总量成果的系列配套问题。2002年，贺伟程针对人类活动对下垫面产流的影响进行了研究，提出了年径流系列一致性处理方法，以及考虑地下水开采情况下的陆面蒸发量计算方法。这些研究成果在后来的全国水资源综合规划中得到成功应用。

贺伟程在水资源评价中创造性地提出的关于水资源总量的概念和评价理论与方法，对丰富我国水资源评价理论、发展水资源评价方法、提高全国水资源评价的科技水平和成果的科学性、可靠性做出了重要贡献。他在水资源领域的多项研究成果获得国家

▼ **纪念梁瑞驹教授**

1. 在河海大学指导计算机实习
2. 与严恺院士在国外考察（左一）
3. 在北京水科院为职工颁奖

▼　纪念梁瑞驹教授

4. 1998 年抗洪时在北京水科院遥感中心分析云图（右二）
5. 1998 年与俄罗斯专家交流防洪中的遥感信息应用（右一）

纪念陈清濂先生 *

2007年夏天，陈清濂先生手术康复后不久就来南京出差，和在宁的老水文所(1956~1969年北京水利水电科学研究院水文研究所)的同事们欢聚一堂。席间，陈清濂说："我的名字里有六滴水，所以这一辈子注定是'卖'给中国江河了。"万万没有想到，仅时隔一年，他就于2008年6月7日永远离开了我们。

陈清濂于1934年9月1日出生在福建泉州，1954年7月毕业于华东水利学院(现河海大学)河川系。同年8月至1955年6月任黄河规划委员会技术员，1955年7月~1957年6月任黄河三门峡工程局技术员，1957年7月~1972年5月任北京水利水电科学研究院技术员，1972年5月~1977年3月任水利电力部第十三工程局勘测设计大队技术员、工程师，1977年3月~1997年9月先后任水利部水利水电规划设计总院教授级高级工程师、主任工程师、副总工程师，1997年退休后，担任该院专家委员会副主任、中国江河咨询中心副总工程师。他还先后兼任过中国水利经济研究会副秘书长、中国水利学会规划研究会副秘书长、北京市水利学会水利经济专业委员会主任、《水文》和《水利水电技术》期刊编委、广东省珠江河口整治工程技术顾问等学术与技术职务。陈清濂为中国水利事业辛勤工作了半个世纪，足迹几乎踏遍了中国的江河湖库。他曾参加编制黄河流域规划、长江三峡工程论证、南水北调东中线规划等国家重点工程规划论证；参加了三门峡、桃花峪等大中型水利水电工程规划设计；参加了长江、黄河等大江大河规划审查和一大批大中型水利水电工程审查。他在工程水文、水利经济与水利规划、江河防洪等领域都做出了重要的贡献。

20世纪50年代，陈清濂从事黄河水文研究，发表论文《黄河年径流研究》(《黄河建设》，1957年)，为推求黄河上中游水文资料短缺或无资料河段的设计年径流和设计洪水提供了水文依据。1963年8月，海河发生历史罕见的"63·8"特大暴雨，陈清濂赶赴暴雨中心獐么，实地审验点雨量，为确定"63·8"暴雨中心雨量记录数据提供了依据。1964年陈清濂参与《水工建筑物设计洪水计算规范》的编写，他提出的"设计洪水过程线典型选择和放大方法"(《水文计算经验汇编：第二集》，1964年)被收入该规范。他还主持了东北、新疆、云南国际河流水文站网与测报系统规划的审查，为中国国际河流的水文观测做出了具有基础性意义的贡献。

陈清濂于1981年发表论文《综合利用水利工程投资的分摊方法》(《水利水电技术》，1981年)，成为后来水利工程投资分析的重要理论与方法依据。他从1981年开始参与主

＊ 本文原载《水科学进展》. 2011，22(3).

持编制的《水利经济计算规范(SDJ139—85)》于1985年在水利电力系统试行，后经修订于1994年以《水利建设项目经济评价规范(SL72—94)》正式实行，获得水利电力部1994年度科技进步奖二等奖。他作为《中国大百科全书·水利卷》水利经济编写组的副主编，负责设计条目框架，并执笔撰写了设计洪水、城镇供水效益、防洪效益、灌溉效益、水库养殖效益、水利工程效益、水利旅游效益、水质改善效益、排涝费、综合利用水利工程费用分摊等大量条目。他还主持或参与主持了一系列水利水电的国家规范与行业规范的编写，例如《江河流域规划编制规范(SL201—97)》、《水利工程水利计算规范(SL104—95)》、《水利水电工程可行性研究报告编制规程(DL5020—93)》、《水利水电工程初步设计报告编制规程(DL5021—93)》、《江河流域规划环境影响评价规范(SL45—92)》等，为建立和完善水利水电行业国家技术标准做出了重要贡献。

防洪减灾是陈清濂毕生倾注心血最多的领域。他主编了国家规范《防洪标准(GB50201—94)》，获得1999年度建设部科技进步奖二等奖。他是长江三峡工程论证防洪专家组成员兼防洪工作组组长。他先后百余次主持了长江、黄河、淮河、海河、闽江、嫩江、松花江等主要江河的大堤、闸坝、大型水库等防洪工程和蓄滞洪区防洪安全审查，主持了嫩江、松花江、黄河小浪底—花园口、辽河、海河、淮河等河流的设计洪水审查，主持或参与了黄河、淮河、海河、珠江、辽河、太湖等河湖《近期防洪建设若干意见》的审查。1998年夏天，长江中游发生特大洪水，陈清濂受国家防汛抗旱总指挥部派遣，作为专家组组长，带领由国家防办、水利水电规划总院、长江水利委员会的专家们奔赴洞庭湖及长江大堤防洪第一线指挥防汛抢险。他不顾自己已年逾六旬，每天奔波在大堤上，洪峰到哪里，他到哪里，哪里有险工险情，哪里就有他的身影。凭着他和专家们对江河情况的熟悉、丰富的知识和工程经验，成功排除了洞庭湖区江南垸、安造垸、团州垸、采桑湖大堤等多处险情，并提出了保住京广铁路的正确方案与措施。1998年8月24日，陈清濂和徐乾清等同志在钓鱼台国宾馆受到江泽民总书记的接见，并就水利问题向江泽民总书记汇报了一整天。1998年12月，陈清濂被国家防汛抗旱总指挥部、人事部、解放军总政治部授予"98'全国抗洪模范"称号，也被国务院科技部评选为"98'全国科技界抗洪救灾先进个人"。是的，长江两岸的人民感谢他，国家感谢他。

我是1962年认识陈清濂的，那年我大学毕业被分配到北京水利水电科学研究院水文研究所工作，成了陈清濂的同事，但真正与他熟悉起来还是在1966年"文化大革命"开始后的日子里。他敏锐的洞察力和对问题的分析能力、几乎忘我的敬业精神和卓越的工作能力、爽朗的性格和果断的作风，尤其是他对同志的那份真诚与友爱，使我一直对他怀有深深的敬意和感情。此刻，他在我脑海中浮现出来：不拘衣着，豁达乐观，全身散发着对事业的执著和对同志的深情。

致谢：水利部水利水电规划设计总院李原圆、郦建强教高、朱建盈高工提供资料和照片。

▼ 纪念陈清濂先生

1. 在南京与北京水文所老同志合影（前排右三）

2. 在处理省际水事纠纷（左一）

3. 青年时代的陈清濂

4. 在水利规划审查会上（前排左三）

纪念张启舜先生

张启舜先生是我国著名泥沙专家。

张启舜于1937年2月出生于福建省宁化县翠江镇。1957年夏毕业于华东水利学院(现河海大学)水道海港系，随即分配到中国科学院水工研究室，任实习研究员。1958年起在北京水利水电科学研究院(以下简称北科院)河渠所工作，任技术员。1970~1978年下放水电部第十一工程局(河南省三门峡市)，期间于1970~1975年参加三门峡工程改建施工劳动，1975~1978年任水电部第十一工程局勘测设计大队科研组副组长。1978年末调回北科院泥沙所，任工程师、高级工程师、泥沙所副所长。1985年12月任北京水科院副院长。1988年任教授级高级工程师，博士研究生导师。曾任国际灌溉与排水委员会副主席、中国国家灌溉与排水委员会副主席。2012年8月8日，张启舜在北京逝世。

张启舜长期从事河流与水库泥沙科学研究与生产实践，在该领域做出了重要的贡献。20世纪60年代，他开展明渠水流泥沙扩散过程研究，得到了二维均匀流淤积过程的理论解。20世纪70年代，他在处理三门峡水库淤积与排沙和研究黄河下游河道淤积与泥沙输移规律的基础上，研制了水文学与水动力学相结合的泥沙输移与淤积数学模型，该模型在三门峡水库改建后的蓄清排浑运用中获得成功，在国内外几十条河流与水库泥沙分析中得到应用。20世纪80年代，张启舜参加官厅水库清淤改建和黄河小浪底水库等大型水利水电工程的泥沙科研与设计工作。在总结这些工程实践的基础上，他与合作者提出了多泥沙河流水库的"合理防洪、排水放淤、径流发电"开发和运行模式，为多泥沙河流水库规划、设计和运行提供了思路和策略。20世纪80年代后期，张启舜受聘为长江三峡工程论证专家组成员。20世纪90年代中期，张启舜作为联合国开发计划署(UNDP)中方项目组核心专家，参加黄河三角洲可持续发展研究，提出了黄河三角洲流路规划方案。自20世纪90年代起，张启舜多次应外国政府、亚洲开发银行和联合国开发计划署等国际机构邀请，先后到孟加拉国、泰国等国家，指导水利开发项目，受到了国外同行的高度赞誉。

张启舜论著颇丰，发表学术论文近百篇，研究成果获1978年全国科学大会成果奖和省部科技进步奖多项。张启舜以其重要贡献、丰富知识和经验，成为国内外知名泥沙专家。1991年被评为有突出贡献中青年专家。1997年当选为国际灌溉与排水委员会副主席。

1970~1975年，我和张启舜一同在水电部第十一工程局参加三门峡水库改建工程施工劳动，住在大安居民点的干打垒土坯工棚里，每天早晨一起沿着工地铁路步行到坝头(三门峡大坝坝址)去劳动。1975~1978年，我们一起调到勘测设计大队科研组，我做黄河下游凌汛预报等项目研究，张启舜做水库淤积与排沙等项目研究。张启舜给我留下了深刻的印象。他对工作总是充满激情，满怀信心，不知疲倦，在我的记忆中几乎找不出他悠闲坐着慢条斯理品茶叙事的片段。他敏思笃行，富有创新精神，从如何安装混凝土浇筑用的模板到三门峡水文泥沙问题，他总是有独到见解，且以极快的语速表述。他待人真诚，而且有很强的鼓动和组织能力，他作为三门峡勘测设计大队的副组长，总能把我们水文组和泥沙组搞的团结而活跃，这在下放三门峡工地的"文化大革命"期间，是难能可贵的。

他走了，给我留下深深的追思。他本可以为泥沙科学事业做出更大贡献的。

致谢：中国水利水电科学研究院泥沙研究所蒋如琴教高提供资料和照片。

▼ **纪念张启舜先生**

1. 在外国专家家中做客
（右一）
2. 1986 年访问美国农业部
（右二）
3. 1989 年在泰国援助水利
项目（左二）
4. 1994 年在孟加拉国援助
水利项目

纪念王钦梁先生

王钦梁于1938年9月26日出生于浙江省天台县。1962年7月毕业于华东水利学院(现河海大学)陆地水文系,同年分配到长江流域规划办公室(以下简称长办)水文局工作。历任技术员、工程师、高级工程师,1982年4月任长办水文局副总工程师。1983年6月至1985年5月由长办选派作为访问学者赴美国麻省理工学院(MIT)研修。王钦梁曾是中国水利学会、中国气象学会、美国地球物理协会等学术团体成员,1988年当选为湖北省水利学会水文水资源专业委员会副主任。1990年9月22日,王钦梁在陪同日本汉江洪水预警报项目调查团野外考察时,因车祸不幸殉职,时年52岁。

王钦梁虽然英年早逝,却为长江水文事业和水文科学做出了重要贡献。王钦梁作为长办水文局副总工程师,负责长江防汛、水文气象情报预报、河道水文观测和水文预报自动化等方面的技术开发和业务领导工作,为保障长江防洪安全和建立长江现代化水文测报自动化系统做出了突出成绩。1989年,他作为"七五"国家重点科技攻关项目的子课题"三峡工程水文预报方法研究"的负责人,主持编制了长江中游螺山以上诸河段水文预报方案和三峡水库预报调度方案,为三峡水库在建成后的防洪调度运用中正确考虑其对下游沙市及城陵矶地区进行补偿调节提供了重要依据。

王钦梁对短期洪水预报方法有深入的研究和独到的见解。由他和罗伯昆署名发表的论文《马氏京干法连续演算瞬时解与迟滞演算法》,在理论上阐明了在洪水演进计算中广泛应用的马氏京干连续演算法的实质,是准扩散波方程的集总"强近似"解,并分别导出了准扩散波模型的和马氏京干连续演算模型的瞬时解;在应用上能同时考虑洪水波的推移与坦化的动态特性,对动力作用明显的河段,能显著提高洪水演进计算的精度。该文和以王钦梁作为唯一作者发表的《拟扩散波及其集总近似》(《人民长江》1991年第22卷第12期)等多篇论文,是对河道短期洪水预报在理论与应用方面的重要贡献。

王钦梁对长江中游中长期水文预报进行了深入的探索。20世纪80年代初,他利用宜昌站100余年的径流系列,采用统计学方法,揭示了宜昌站枯季径流的基本特征,并据此建立了"退水系数法"等三种枯季径流中期预报方法,满足了当时长江开发的需要。20世纪80年代中后期,他联合中科院、中央气象局、北京大学、河海大学等单位,开展了长江中下游旱涝规律的研究,揭示了长江中下游旱涝演变主要是受青藏高原和西太平洋热状况的影响,并据此提出了能指示旱涝形成与演变的500hpa高度场环境特征指标,为建立长江中下游中长期水文预报提供了重要的科学依据。他还和罗伯昆等主编了《水文预报方法》第二版和英文版。为《中国农业百科全书》和《中国水利百科全书》撰写了有关水文预报的条目。

1983~1985年他在美国MIT土木工程系做访问学者期间，与世界著名水文学家伊格尔森教授(Peter.S.Eagleson)合作，开展了洪水演算的理论研究和雨量空间分布概率描述与数值模拟研究，两年间，先后发表了《流域暴雨面积的矩》(*Moments of Catchment Storm Area*)、《极大洪峰流量的方差结构》(*The Variance Structure of Extreme Peak Streamflow*)等7篇有重要学术价值的论文。当王钦梁的访问期限将于1985年5月结束时，伊格尔森教授特别致函当时的长办主任和副主任魏廷铮先生和邹兆倬先生，希望挽留他继续在MIT做一个时期的研究。伊格尔森教授在信中写道："他已成为我的一位最好不过的研究伙伴，已经成为一位真诚的朋友，他也是中国一位出色的使者。我们感谢您让他有机会和我们一起工作。我们将会想念他。"(He has been a superb researcher partner for me, has become a true friend, and has been a splendid ambassador for China. We thank you for making him available to us; we will miss him.)是的，在诸多赴美的访问学者中，能得到美国著名学府和世界著名学者的如此评价是不多的，他反映了王钦梁的才华，也展现了他的风采。

我和王钦梁大学同学五载，在一个小班，同一间寝室，朝夕相处。毕业后，他去了武汉长办水文局，我到了北京水利水电科学研究院水文研究所，但一直保持着联系。在学生时代，王钦梁就是同学们中的佼佼者，他学业优异，性格开朗，有很强的组织能力，深得同学们的爱戴，一直担任我们年级学生会主席。工作以后，他踌躇满志，决心在长江做一番事业。

王钦梁有很强的事业追求。他在一次到北京出差时对我说："先花十几年在水文预报方面取得突破，然后主攻设计暴雨和设计洪水，要改变仅靠一条P-Ⅲ型曲线定天下的局面。"他还谈到对水文科学诸多领域的看法和设想。我当时深深为他的事业追求和人生规划所感动，并满怀敬意。王钦梁富有创新精神和开拓能力，他在学生时代就经常对教材中一些问题提出质疑，并进行独立的分析与推导，他提出的滞时汇流模型和对雨量场概率描述的论文，即是生动的体现。王钦梁治学严谨，勤奋敬业，直到生命的脚步终止在野外考察的途中。

王钦梁待人真诚，乐观幽默，总是给人带来欢乐。王钦梁不仅是一位年轻有为的水文学者，也是一位最好的丈夫和父亲。当我捧读他的爱妻涂荣玲和娇女王恕的怀念文章时，禁不住眼泪夺眶而出。

痛哉！"孤帆远影碧空尽，唯见长江天际流。"然而，钦梁的音容笑貌，永远驻留在我的脑海中。

致谢：王钦梁先生的夫人涂荣玲提供资料和照片。

▼ <u>纪念王钦梁先生</u>

1. 1966 年与夫人涂荣玲在南京中山陵
2. 1982 年和夫人、女儿合影
3. 1985 年在麻省理工学院与导师伊格尔森教授夫妇合影

▼　纪念王钦梁先生

4. 1980 年 4 月作为中国代表团成员在英国牛津大学出席国际水文预报学术讨
　 论会 (左一为赵人俊，左二为王钦梁)
5. 1989 年 4 月赴美参加第一次中美水文预报研讨会 (前排左一)

后 记

　　《江河之子》终于要付梓了。虽然这只是做了一件我本该做的事，心中仍然感到些许欣慰。此刻，前辈们的英姿和业绩，如同大河的波涛与浪花，接踵汇入我的脑海，心中涌起对他们的仰慕和感激，难以平静。之所以感激，是因为回忆起在撰写他们中每一位的纪念文章的时候，我的内心总是被强烈的感动和震撼，有时禁不住泪盈眼眶，他们一次一次地给了我鼓励和鞭策。

　　在《江河之子》群英中，他们的个人背景、成长经历、人生风雨与精彩，各不相同。然而，在他们身上有着共同的特质：他们都深爱着自己的祖国，无论在烽火连天的抗日战争、在异国他乡的求学奋斗，还是在新中国的水利事业中，他们心中都满怀着振兴中华、强盛祖国的激情；他们都有着对事业的执著追求，无论在困难重重的条件下，在身陷逆境的日子里，还是在疾病的百般折磨下，他们对自己的事业从不放弃，始终求索，甚至把骨灰也洒入了黄河、长江里；他们都有着青松般高洁的人品，工作兢兢业业，治学严谨求实，关怀青年成长，待人真诚友善，他们总是把事业和他人看得比自己还重；他们都才华出众，乐观豁达，生活简朴，深爱家人。他们是大禹传人的佼佼者。

　　在怀念前辈的时候，不由得联想到自己。从1957年背着行囊跨进华东水利学院校门，转眼已57年了。尽管不知当初怎么会走上水利之路，如今回首，觉得也还充实和有意义。2009年我在南京迁入新居"仙霞公寓"，心想这是此生最后一次乔迁了，故而把新居取名"若水居"，并写了一篇《若水居赋》，以抒怀自己的水利人生，现转录于下，就作为这篇后记的结尾吧。

若 水 居 赋

庚寅春月,得仙霞一寓,欣然命名"若水居"。何哉?乐水也。何乐之有?非谓"智者",乃在水之美、之德、之性也,与水之缘也。

凡天地间,最寻常者,莫过于水也。然其为海,则吞吐日月;为湖,则烟波浩渺;为河,乃挽纳百川,洪波浩荡,一路澎湃。冰川高悬九天,瑞雪覆盖莽原,雾霭笼罩山林,霜露润泽田园;黄梅香飘,秋池水涨,泉水叮咚,溪流潺潺,皆水之美也。滋生灵而无求,润万物而无声,随物而至赋形,泛淤而成桑田,水之德也。千迴万转,矢志不移;绝壁临渊,不惜玉碎;弱质难胜,积涓滴以穿石;水之性也。缘之何在?余隶籍衡阳,少饮湘江,负笈黄浦,问道秦淮[①],立志水文,五十余载。探究水圈之奥秘,揭示圜道[②]之行踪,测流于雅鲁藏布,溯源于格拉丹东[③],筑坝于高山峡谷,调水于南北西东,跋涉万里河川,博览中外水经,其乐无穷也。

光阴若水。吾欲乘桴东去,邀蓬莱仙翁,抚琴于海上,论道与星辰。不亦乐乎!

刘国纬

庚寅年三月于金陵若水居

---

① 作者在湖南长沙湘江畔读完小学,上海黄浦江畔读完中学,南京秦淮河畔华东水利学院完成大学学业。
② 圜道指水文循环(自《吕氏春秋·圜道篇》)。
③ 长江河源。

作 者 简 介

刘国纬，湖南省衡阳县人，1939年出生于湘潭县。1962年毕业于华东水利学院(现河海大学)水文系。教授级高级工程师、博士生导师、水利部科学技术委员会委员。曾任水利部南京水文水资源研究所总工程师，河海大学、南京大学兼职教授，国际水文科学协会/地表水委员会(IAHS/ICSW)副主席，《水利学报》、IALT(国际低地技术协会学报)等国内外期刊编委。

20世纪60~70年代从事工程水文学研究，主要涉及水文统计、设计暴雨、流域水文过程等，其间也参与黄河三门峡水库大坝改建施工与凌汛预报、黄河故县水库施工洪水设计与预报、长江葛洲坝工程三江围堰施工与施工洪水预报、淮河板桥水库可能最大暴雨(PMP)设计等；20世纪80年代从事水文气象学研究，主要涉及陆地-大气系统水量平衡、水文循环大气过程等；20世纪90年代从事中国宏观水问题研究，主要涉及防洪、水资源、南水北调工程等。1999年退休后，主要从事水文学史和江河治理地学基础研究。

创刊学术期刊《水科学进展》并曾任主编。参与编撰《中国大百科全书·水文科学》(特约编辑、副主编)、《中国水利百科全书·水文与水资源分册》(副主编)、《中国水文志》(撰写第七篇·水文科学研究)、《辞海·09版》和《大辞海》(水文学与水资源学科召集人)。主要著作：《跨流域调水运行管理》(中国水利水电出版社，1995)、《水文循环的大气过程》(科学出版社，1997)、《中国南水北调》(浙江科学技术出版社，1999)、《水文学史》译著(科学出版社，2007)、《黄河人水关系演变与调控》(中国水利水电出版社，2011)、《江河之子》(科学出版社，2014)。在《中国科学》等国内外学术期刊发表论文70余篇。曾获国家科技进步奖二等奖、水利部科技进步奖一等奖。